おなかのおと

菊池亜希子

文藝春秋

もくじ　おなかのおと

ブックデザイン　祖父江 慎 ＋ 脇田あすか
（コズフィッシュ）
イラスト　菊池亜希子

おなかのおと

こそこそおにぎり

お腹が空くと、私は機嫌が良くなる。「空腹は一番のごちそうよ」と言われて育った私にとって、「ぐー」というお腹の音は、幸せなごちそう時間の予鈴だ。母と仲が良い私は、しょっちゅう一緒に街へ繰り出すのだけど、歩き疲れてだんだんお腹が空いてくると、ふたりはルンルンしながら「いいぞいいぞう、どんどんごはんが美味しくなるぞう」と上機嫌になる。「ぐー」と鳴れば鳴るほどワクワクも高まる。そうしてようやく口にした食べ物は、どんなものでも「なんたる美味しさ！」になるのだった。

そんな食いしん坊な私だけど、昔から「ぐー万歳！」だったわけではない。中学生の頃の私にとって、「ぐー」は最大の悩みの種であった。食いしん坊なのに食が細くて一度にたくさん食べられず、その癖すぐにお腹が減るという何とも燃費の悪い体質であったため、3、4時間目あたりになると私のお腹は「ぐー」と騒ぎだす。「お腹鳴るな！　お腹鳴るな！」と念じても、気合いで止められるものでもなく、授業に全く集中できない日々。これはとても深刻な問題だった。そんな悩みを母に打ち明けたところ、次の日からこっそりおにぎりを持たせてくれた。アルミホイルにそっけなく包まれた大きなおにぎり。休み時間になると、それをセーラー服の下に隠して階段裏へ行き、こそこそと急いで食べた。私の通っていた中学校は校則が厳しくて、学校に食べ物を持ってくるなんてもってのほか。しかも、当時私は学級委員を務めていて、校則を破ったことなんて一度もないお利口中学生であった。緊張感と罪悪感と羞恥心《しゅうちしん》を背負いながら、こっそり頬張ったおにぎりの味は、しょっぱくて優しくて、私は誰にも見つからないように無我夢中で一気に食べた。『千と千尋の神隠し』で、千が大粒の涙をこぼしながら頬張ったハクのおにぎりって、きっとこんな味だったのだと思う。

今思えば、どうしてあんなにお腹の音が恥ずかしかったのか本当に不思議だ。いつの頃からか人前で「ぐー」を鳴らすこともへっちゃらになり、腹ペコを楽しめるまでになった。それはとても幸せなことである反面、あの"こそこそおにぎり"の味はもう決して味わうことができないのだと思うと、なんだか少し寂しくもある。いっぱい美味しいものを食べることよりも、いっぱい美味しいって感じられることのほうがきっと幸せだ。だから私はいつだって「ぐー」の音に耳を澄ませている。

【こそこそおにぎり】

アルミホイルに包まれた
大きな おにぎり
ガサゴソ音が
ひびかないように
そろりそろりと
めくって 食べます

しくしくメロン

私はメロンがこわい。いや、メロンそのものが悪《あく》なわけでは決してない。誇り高き風格に、優しく品のある甘さ。メロンの魅力は十分理解しているつもりだ。お土産に頂いたりしたら、嬉しくて小躍《こおど》りだってする。だけどいざ包丁を入れ、あの瑞々《みずみず》しく淡いグリーンが目の前にあらわれると、私の心はウキウキから一転、しくしく切なく泣き出すのだ。

それを私はメロン事件と呼んでいる。私が小学生の頃に立て続けに起こった、連続メロン事件。最初に起こったのはピカピカの1年生のときだ。私の学校には「ランチルーム」というものがあって、席の配置はクラス単位ではなく、1年生から6年生までがグループを作って一緒に食べていた。このグループは「ファミリー」と呼ばれていて、給食や掃除や遠足など、あらゆる活動をファミリーで行っていた。上級生のお兄さんお姉さんは、下級生を本当の兄弟のように優しく面倒見てくれて、私はファミリーの時間が楽しみだった。ある日、給食のデザートにメロンが出た。給食に出るメロンは格段に輝いて見える。急いで食事を終え、ワクワクしながらメロンを口に運ぼうとしたその瞬間、私の手からメロンがつるりと滑り落ちた。リノリウムの床に落ちたメロンを私は光の速さで拾い上げ、無心で口の中に入れた。考えるよりも、体が先だった。ふと顔を上げると、向かいに座っていたいつも優しい6年生のお姉さんが嫌悪感いっぱいの眼差しで私を見ていた。「落ちたメロンを食べた子」という噂は一気に広まり、ファミリーの時間は憂鬱《ゆううつ》なものへと変わってしまった。

第二メロン事件は、その後すぐに起こった。『サザエさん』を見ながら夕食を食べ、『キテレツ大百科』を見ながらデザートを頂く、いつもの日曜日。その日のデザートは頂き物のメロンで、喜ぶ姉をよそに私は憂鬱だった。「メロンなんていらない、フルーチェがいい」とワガママを言う私に、「早く食べないとなくなっちゃうよ〜」とつっついてくる姉。そのうち誰も相手をしなくなり、コロ助の声と私の愚図《ぐず》り声だけが居間に響く。気づくと父の平手が私の頭に飛んできた。勢い余ってお皿が床に転がって落ちる。一瞬食卓の時が止まり、私は堰《せき》を切ったように泣き出した。父に手を上げられたのは多分、このときが最初で最後。悲しい気持ちと悔しい気持ちが合わさって、私はいつまでも泣き続けた。どうでもいいことで意地を張って、引っ込みが付かなくなるあの感じはまさに、お父さんにぶたれた『おもひでぽろぽろ』のタエ子のようだった。本当はもう、とっくにメロンを食べようと思っていたのに。みんなで楽しくキテレツを見たいのに。どうやって泣き止んでいいのかわからない。いつまでも泣き止まない私を、父は表へ放り出した。窓にへばりついて泣く私の顔を、姉は今でも鮮明に覚えているという。風呂場の電気がついたので、塀《へい》によじのぼって覗くと、父がシャンプーしながらため息をついていた。殴られたことよりも、父にこんなに重たいため息をつかせたことが、子供心に悲しかった。

色も、味も、淡く優しいメロン。だけど、私の食べるメロンの味は、いつも少しだけしょっぱい。

【しくしくメロン】

あなたに罪はないのです
ただ、あなたの匂いをかぐと、
胸のまんなかの奥のほうが
しくしく静かに泣きだすの
涙のしょっぱさは果たして
生ハムの代わりになるかしら

クリームソーダも
へっちゃらよ!
メロンパンは
へいきさ!

への字スパゲッティ

うちのおばあちゃんはかなりの頑固者《がんこもの》だった。口は悪いし、煙草も吸うし、内弁慶で家族に厳しい人だったけど、末っ子の私にはいつも優しくて、「あきちゃんは、えらいねえ」「この子は、できる子だわ」と、おばあちゃんはいつだって私のことを褒《ほ》めてくれた。

我が家の食事はいつも母が作っていて、おばあちゃんが料理をすることは滅多になかった。和食派だったおばあちゃんは、たまにクリームシチューやハンバーグといった洋食が出てきても、頑《かたくな》に箸をつけようとしないため、洋食を作るときには、母はいつもおばあちゃんのために和食も用意していた。頑固なおばあちゃんと健気な母。いつもは大好きだけど、このときばかりは、おばあちゃんのことを大人げないなあと感じていた。

そんなおばあちゃんが、ときどき思い立ったように台所に立つことがあった。和食党のくせに、作るのはなぜかハイカラなミートソーススパゲッティ。たまねぎとひき肉をじっくり炒め、ホールトマトを入れてさらにしっかり火を通す本格派。このミートソースが大好物だった姉は、おばあちゃんの横ではしゃぎながら鍋の中を覗き込んでいたけれど、私はなんだか母に悪いような気がして、興味のない顔をしていた。ほかほかのスパゲッティを嬉しそうに頬張る姉を横目に、私は頑にミートソースには手をつけず、たまねぎが嫌いだとかなんとか理由を並べて、こともあろうに茹《ゆ》でたスパゲッティに醤油をかけて食べたのだった。への字に曲がった心を簡単には戻せないあまのじゃくな私は、誰よりもおばあちゃんの性格を譲り受けていたのだろう。なんとその後何年もの間、私はおばあちゃんのミートソースを食べず、たいして美味しくもない醤油スパゲッティを「美味しい」と言い張って食べ続けた。この頑固な薄情っぷりは、思い出すだけで胸が痛くなる。

先日久しぶりに家族で集まったときに、おばあちゃんのミートソースの話になった。私と姉が想い出話で盛り上がる横で、母がおもむろに「あのレシピ、私がおばあちゃんに教えたんだよ」と衝撃の事実を語り出した。母がまだ新米主婦だった頃、料理教室で習った覚えたてのミートソースの味をおばあちゃんはとても褒めてくれたという。それで母は作り方を教えたそうだ。おばあちゃんの味だと思い込んでいた味は、母とおばあちゃんをつなぐ味だった。その味を思い出そうとしても、私は醬油スパゲッティの味しか思い出せない。それが今となっては、ただただ悔しい。

【への字スパゲッティ】

ぐつぐつ ぐつぐつ
いいにおい
できたて ほかほかの
ミートソースのにおいを
かぎながら
醤油かけて食べる
頑固者がひとり

ずっしりポテト

だいっきらいなわけじゃないけれど、できることなら避けて通りたい。自分から近づくなんてことは、まずありえない。私にとって「じゃがいも」はそういう存在だ。肉じゃがやカレーを作るなら、できれば「じゃが」抜きで。欧米旅行で一番心が折れるのは「マッシュポテト」との戦いだ。あの、お皿の端にどどんとそびえ立つほくほくの山には恐怖すら覚える。口中の水分が奪われそうなモホモホとした食感が苦手なのはもちろんだけど、私がここまでじゃがいもを敬遠するようになってしまった一番の理由は、味よりも食感よりも何よりも、「食べすぎてしまった」ことにあると思っている。

我が家の日曜日の朝ごはんは、なぜだか決まって同じメニューだった。白飯、味噌汁、甘じょっぱい卵焼き、ねぎと大根おろしたっぷりの納豆。他におひたしや焼き魚なんかが加わることもあったけど、基本的にはこの4品が必ず食卓に並ぶ。そして、お味噌汁の具はいつだって「じゃがいも」だった。昔住んでいた小さな家にはダイニングというものがなくて、ごはんは居間で食べていた。日曜の朝にやっていた討論番組のメガネにパイプをくわえた司会者の顔、もたれるとザラザラこぼれる砂壁、おばあちゃんの座椅子、こたつテーブルの落書き。日曜日の朝を思い出すと、淡い光に包まれた懐かしい情景が浮かぶけれど、実際は「裏で放映中のアニメが見たい」気持ちと、「食べ飽きたじゃがいもにウンザリする」気持ちが合わさってどこか憂鬱なのだった。

いつの頃からか、じゃがいもの味噌汁は食卓にあまりのぼらなくなったけれど、きっと私は幼少期のうちに人生に必要なじゃがいも摂取量を摂りきってしまったのだろう。それ以降、出されれば一応頂くけれど、自ら好んでじゃがいもを食べることは、ほぼなくなった。

そんな私の前に、またしても過剰なじゃがいもが現れたのは高校生の頃だ。当時、スポーツ万能で、バンドでギターを弾き、ちょっとワルだけど、ものすごくかっこよくて、人気者の先輩がいた。私はみんなと一緒にこっそり眺めてはキャーキャー言っていたのだけど、そんな憧れの先輩と卒業後に再会したことがあった。久しぶりに会った先輩はどことなく丸みを帯びていて、当時のシュッとした印象はほとんど残っていなかった。しょんぼり下がってゆくテンションをひた隠しにしながら必死で会話を弾ませる。そんな私の気持ちを知ってか知らずか、先輩は満面の笑みで「最近おかんの作るポテトサラダにはまっててさ、美味しすぎてボウル一杯抱えて食べちゃうんだよね」と嬉しそうに語り始めた。先輩の二重になりかかった顎《あご》をぼんやり眺めながら、私はしゅるるるると心が萎《しぼ》む音を聞いた。

ひたひたに煮くずれたお味噌汁のじゃがいもが美味しいってことも、ぽよんと崩れた体が微笑ましいってことも、大人になった今ならわかる。だけどそれでもやっぱり、食べすぎたじゃがいもというのは体の中にずっしりと残っていて、そう簡単にどいてはくれないのだった。

【ずっしりポテト】

わたしが
じゃがいもを
克服するとき
それはきっと
大人の階段
のぼるとき

むぐむぐトースト

ふらり入った喫茶店で、トーストを頼んだ。ほどなくして運ばれてきたトーストを、ぼんやりしながら頬張る。「むぐっ、ぐるぐる、ごくん」、もくもく膨らんでいた考え事も一緒に飲み込む。「ん？」もう一口頬張ってみる。「むぐむぐ、むむむ」、思考が一瞬止まる。「これは、なんとも絶妙に、美味し…くない…」。カタチにならない気持ちが膨らむ。「美味しくないいんだけど、なんだろう、この懐かしい気持ち……」。齧《かじ》りかけのトーストを見つめる。喫茶店のトーストには珍しい8枚切りの薄っぺらなパンは、ちょっとばかり焼きすぎで、濃い焦げ目に控えめのマーガリン。そうか。これは、うちのお姉ちゃんのトーストの味だ。

私は幼い頃からトーストが大好きだった。それも、喫茶店で食べるようなやつ。分厚い食パンは、ほんのりうっすらこぎつね色の焼き加減、間髪入れずペペッとたっぷり業務用マーガリン。そうしてできた幸せの黄色いカタマリを、熱々のうちに頬張る。さくっ、じゅわっ、ふわっ、はむはむ、にまー。

平日の朝食はパンが多かった我が家。全員揃って我が強く、食べるパンの種類も食べ方も、それぞれ違っていた。父はフランスパンを厚めに切ってバターをぺとっと。おばあちゃんは6枚切りの食パンを軽めに焼いてマーガリンたっぷり、ゆであずきどっさり。お姉ちゃんは8枚切りを香ばしく焼いてマーガリンは少なめ、おせんべみたいな食感で。私は切り込みを入れた厚切り食パンを、うっすら焼き目がつき始める瞬間まで焼き、間髪入れずマーガリンを隅々までたっぷりと塗る。これが喫茶店のトーストに一番近いような気がしていた。そして、あらゆる種類のパンの中から減りが遅いものをせっせと食べる健気な母。ときどき、姉が優しさで自分のパンと一緒に私の分も焼いておいてくれることがあったのだけど、これが厄介な優しさだった。姉好みの香ばしい焼き色のパンは少し冷めかけて、マーガリンを塗ってもじゅわーっと染み込んではくれない。溶けきらないマーガリンをのせたパンをもう一度トースターに入れて温めても、パンは固くなる一方。じゅわっと感もなくなり、私の好みのトーストの味からどんどん遠ざかってしまう。固いトーストを嚙みちぎりながら、ある朝私は「こんな固いトースト嫌いだ。なんで人のパン勝手に焼くの！」と、姉に不満をぶちまけた。驚いた姉は「このくらい焼いたほうが美味しいじゃない」と冷静に反論。「ぜーんぜん美味しくない！」と譲らない私。「じゃあこのパンは私が食べる」と、私の食べかけのパンを奪って黙々と食べる姉。「いいもん、食べるもん」と姉から固いパンを奪い返して意地を張って食べる私。実際、姉好みのざっくり食感のパンも、決してまずいわけではない。だけど、こだわりが強すぎた私は、人の美味しさを受け入れることができなかった。

そんな我が家のトースト史を思い出しながら、冷めた薄切りのトーストを齧る。気づくと喫茶店の客は私ひとりになっていた。姉と並んで仏頂面で食べたトーストの味を思い出しながら、最後の一口をむぐむぐ頰張った。

【むぐむぐトースト】

ようやくオトナになって
ぜいたくに4枚切りパン買って
たっぷりバターぬって食べた
うっとり幸せ、これぞオトナ
なのに どうしてこんなにも
薄っぺらなトーストが
愛おしいんだろう

8枚切りを
2段重ね!!
むぐむぐむぐ
似て非なり
さくっ じゅわ〜
4枚切りを
どどんと1枚で!!
どっちもスキよ
こだわり捨てると
おいしさひろがる!?

むしゃむしゃお茶場

食いしん坊にはたまらない魅惑の場所、「お茶場」。お茶やお菓子が置いてある場所のことで、映画や演劇の現場に用意されるものだ。この春（2014年）『ハルナガニ』という舞台に出演させて頂いたのだけど、楽屋前の廊下に設置されたお茶場には、和菓子やらスイーツやらの美味しそうな差し入れがいつもずらりと並んでいた。楽屋入りしてメイクを済ませた私は、本番が始まる直前まで常にお茶場にへばりついてもぐもぐしていた。

お茶場にはもうひとりの主がいた。消えもの（舞台で使う食べ物などの消耗品）担当のおかあさん（実際は男性だけど、みんなからそう呼ばれていた）だ。役者たちが楽屋入りする頃、おかあさんはいつも劇用のハムエッグとトーストを焼いていて、その匂いに包まれながら支度をすると妙に心が落ち着いた。今回の舞台には食べる場面がたくさんあった。泣いても笑っても怒っても嬉しくても、それでも人は食べるのだ。それが何だか滑稽《こっけい》で愛おしくって、木皿泉さんらしい素敵な脚本だった。私は渡辺いっけいさんの部下役だったのだけど、劇中ふたりでスイーツをむしゃむしゃ食べる場面があり、おかあさんと相談した結果、いっけいさんはマシュマロを、私は杏仁豆腐を食べることになった。このスイーツむしゃむしゃ場面はコミカルなようで実は非常に緊迫していた。毎回汗だくでマシュマロを頬張るいっけいさん。頬張るのを止めるきっかけは私のセリフなのだけど、いつも心の中で「それっ、もうひと口っ！」とセリフを溜めていて、自分が案外Sであることを知る。本番が終わると私はまたお茶場でもぐもぐ。「まだ食うのかよー」と、マシュマロで膨れたお腹をさすりながら、いっけいさんはいつも呆れていた。

ある日、木皿先生が「フルーツ餅」なるものを差し入れてくださった。大興奮の私は、本番前にマンゴーとイチゴの2種類をぺろり。他の種類までキープしようとコソコソする私を見かねたおかあさんが、「本番の杏仁豆腐、フルーツ餅に代えとくよ」と耳打ちしてくれた。しかし舞台上でフルーツ餅の美味しさをうっかり堪能してしまった私はセリフの出が遅れ、いっけいさんにいつもより余計にマシュマロを食べさせてしまったのだった（反省）。

　そんなこんなで千秋楽を迎え、次の日常がするりと始まる中、我が家にもお茶場を作ってみた。と言っても、小さなかごにいろんなおやつを詰めておくだけの簡単なものだけど。自分で作ったお茶場に入り浸りながら、「みんな元気かな」なんて思いを馳せる、ちょっといい時間である。

【むしゃむしゃお茶場】

おはようございます
おつかれさまです
また明日ー
ごあいさつは
いつもお茶場で
おいしいところに
人は集まる

とろりんハムカツ

先日、役者の先輩Mさんに連れられて小さな居酒屋を訪れた。Mさんと私は、共演したこともないし（のちに舞台で共演）、年齢も大分違うけど、行きつけのごはん屋さんが一緒だったり、趣味嗜好《しこう》が似ていたりで、妙な親近感があった。そこは九州出身の夫婦が営むお店で、一風変わったメニューがずらり並んでいた。しかし席につくなりMさんが注文したのは「ハムカツ」であった。「ものすごーうまいから」と、一杯やりながらにこにこ厨房《ちゅうぼう》を眺めている。「九州料理店で、なぜにハムカツ？」とほのかな疑問を抱きつつ、前のめりで待つ。お通しにカットフルーツが運ばれてきた。「これまた、なぜにお通しでフルーツ？」と思ったけれど、ハラペコな体に果物の酸味はとても優しく染み渡る。さっぱり清々しい気分で準備は万端！となったところにハムカツが到着。「熱いうちに早く食べり〜！」と、すっかり寛《くつろ》いだ九州弁ですすめてくるMさん。大きめの四角いカツは、真ん中でざっくりカットされている。「こうやってねえ、断面を上にして食べるのよ」と嬉しそうにお手本を見せてくれるMさん。私もマネして、くるりと断面を上にしてみてビックリ。中には薄いハムにくるまれた溢れんばかりのタルタルソース（のようなもの）。さらにその白いソースにはたくさんの刻みネギが混ぜ込まれている。「こんなハムカツ見たことない！　これは、ハムカツなのか？　ハムカツと呼んでいいのだろうか⁉」と戸惑いを隠せない私に、Mさんは「早く、早く」と勧めてくる。ソースがこぼれないよう、精一杯大きな口を開いて断面からがぶり。「んんー‼」と言葉にならない声が頭頂部から飛び出し、瞬きすれば目から星が溢れそうな、衝撃の美味しさであった。

今更だけど私、ハムカツがもう、だーいすきなのである。ゆえにハムカツに関しては少なからず持論があった。ハムカツは薄くてなんぼ。〃ハム〃と〃カツ（衣）〃は、あくまで対等でなければならない。給食で出たチーズハムカツのとろけない感じも、とても好ましい。厚切りのハムを使うなんてナンセンス。やっぱりハムカツは庶民の味だ。そう信じて、これまで生きてきた。しかしこの日、私のハムカツ論はいとも簡単に、くるりんと覆《くつがえ》されたのだった。尊敬して止《や》まないハムカツ先輩方に申し訳がたたぬと思いつつ、この新食感にどう抗《あらが》うことができようと、私は我を忘れて新世代ハムカツを頬張った。

王道なものは、美しい。歴史に裏打ちされた説得力がある。だけど、その道から外れたものを「邪道だ」と言ってしまうのは、もったいないことだ。おしゃれも食も、スタンダードとスペシャルを行ったり来たりしながら、気の向くままに楽しめばよい、それだけのことだ。とは言え、かすかな罪悪感を拭いきれない私は、近いうちに西荻の総菜屋さんのペラペラハムカツ（私的ナンバーワンハムカツ）を食べにいきますと、ハムカツ先輩に誓ったのだった。

【とろりんハムカツ】

サクッ♫　ジュワァ〜♫
トロ〜リ♫　シャクシャク♫
いろんな音がきこえる
次世代のハムカツ
いろんな美味しさ引き受ける
ペラペラハムの包容力　バンザイ

んまいっ
オレのことも忘れんなよ…
元祖ハムカツ先輩
さくさくジューシー
絶妙な衣かげん
薄切りハムのはじっこがまたウマイんだな〜
とろりんタルタルソースネギどっさり!
竹串ささってて食べやすい

むふふオムライス

銀座で仕事が早く終わり、お腹が減っていた私はふと思い立ち、あの老舗パーラーに行ってみることにした。お菓子を買いに来たことはあるけれど、レストランは初めて。緊張気味でエレベーターを降りると、キリリ蝶ネクタイのギャルソンに出迎えられた。「おひとりですか」と訪ねられ、目を泳がせながら「はい」と答える。なめらかな足取りで窓際席に案内され、椅子を引いてもらい、するんと席に着く。メニューとにらめっこしつつ、2470円のオムライスをひとつ注文。「飲み物はお水で……」と小声で言うと、ギャルソンは優しい笑顔でうなずいて去っていった。

ぐるり辺りを見渡す。私と同じ歳くらいの娘と母親。小さな女の子、お母さん、おばあちゃんの三世代家族。おじいちゃんグループ。平日の昼下がり、ここにいるみんなの顔がほころんでいる。にやにや待つ私のもとにまず運ばれてきたのは、アフタヌーンティーみたいな豪華な器に盛られた薬味たちだった。「オムライスたったひとつしか注文していないのに、こんな大層なものを」と恐縮気味の私の前に、つるり輝く繭《まゆ》のようなフォルムの主役が堂々と現れた。黒いベストを着たハンサムな女性スタッフが、無駄のない動きでトマトソースをオン。絵に描いたようなオムライスを完成させ去ってゆく。高鳴る鼓動を感じながら、私はスプーンを手にとり、そっと黄色い山を切り崩した。薄焼き系かと思いきや、卵の皮は想像以上に厚く、表面は均一に焼けていながら内側は絶妙なほわとろ感を残している。「もしかして私、究極のオムライスに出会ってしまったのではなかろうか。この感動は是非とも記録しておかねばならぬ！」と、カメラを握りそわそわしてる私に、先ほどのハンサムウーマンが「撮りましょうか」と爽やかな笑顔を投げかけてくれた。

むふふと興奮で鼻の穴がふくらんだ私と食べかけのオムライスが無事写真におさめられたちょうどそのとき、後ろのテーブルに料理が到着し、歓声が上がった。振り返るとおじいちゃんが立ち上がって嬉しそうに料理の写真を撮っていた。それを微笑ましく眺めるギャルソンたち。聞こえるのは、うっすら流れるクラシックと、フォークとお皿がぶつかる微《かす》かな音、そして柔らかい談笑だけ。と、さっきのおじいちゃんがトイレに立ち、のろのろオムライスを食べる私の前を通過した。おじいちゃんの正体はアラーキー先生であった。銀座のパーラー恐るべし。まだ半分も食べていないオムライスを前に、私は処理しきれない興奮で胸一杯になってしまったのだった。

【むふふ オムライス】

はじめての
銀座ひとりめし
背すじをのばして
ひとくちひとくち味わった
大きなスプーンにうつった
わたしの顔が
むふふとふくらんでいる

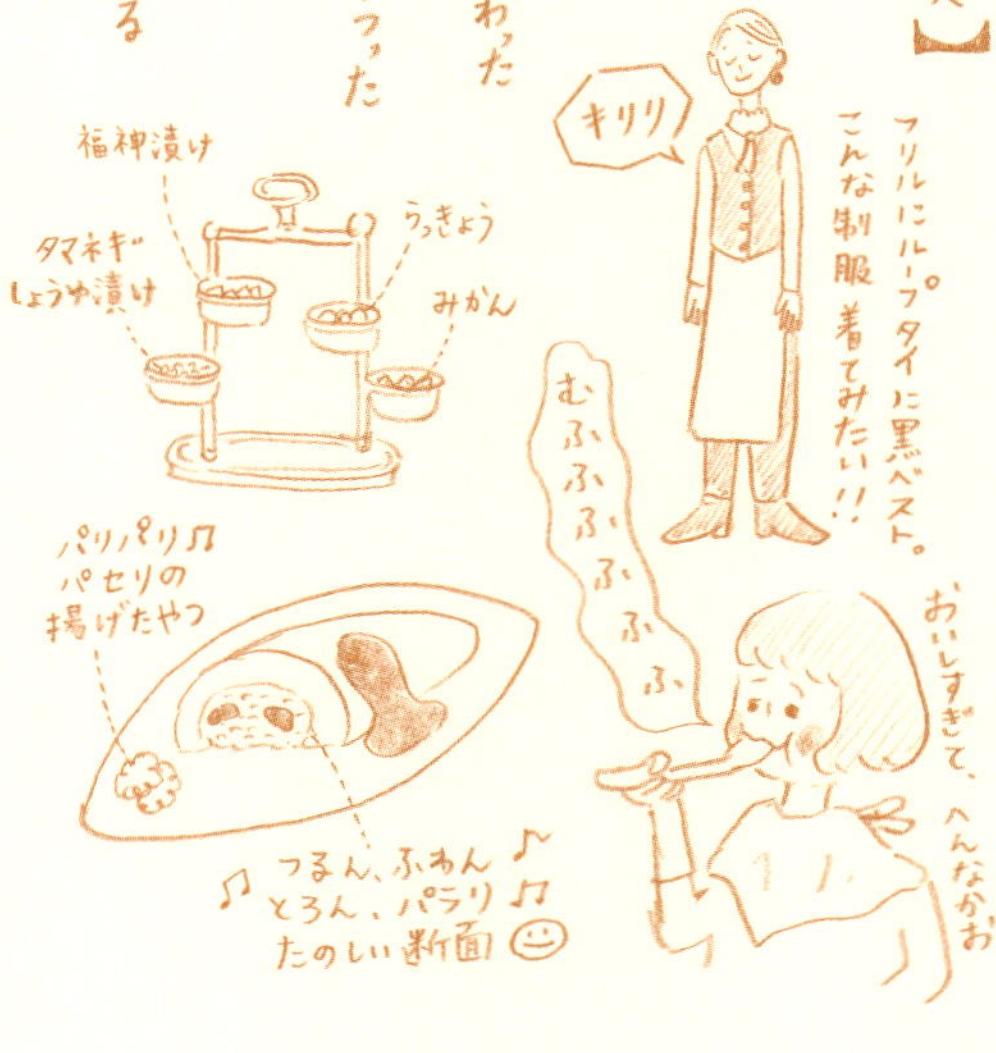

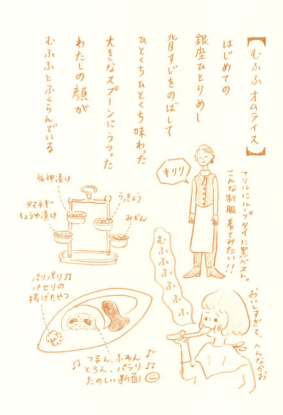

キラキラゼリー

蒸し暑い夏の夜。友だちと夕食を食べた後、デザートが美味しいと評判のカフェに立ち寄った。木を基調としたセンスのいい店内で、キリリとエプロンをつけた男性スタッフがてきぱきと働いている。「季節のゼリーがオススメです」とのことだったので、オーダーすることにした。ほどなくして私の目の前に運ばれてきた季節のゼリーは、平たいお皿に無造作に盛られ、ミントが添えられている。ゼリーらしからぬおしゃれな風貌に少しばかり緊張を覚えながら、スプーンですくい、そっと吸い込む。ゼリーは一瞬で溶けてなくなった。まるで果物そのもののような瑞々しい美味しさが口中に広がってゆくのを感じながら、私はなぜだかゼラチンたっぷりの固いゼリーのことを思い出していた。

小学校の夏休み。私はほぼ皆勤賞で学校のプールに通っていた。スイミングスクールには通っていなかったけれど、泳ぐのはわりと得意だった。毎週水曜日には検定があって、級が上がるごとに赤→白→黒という具合に帽子の色が変わっていく。私は5年生で黒帽になった。そこからタイムが縮むごとに白いラインが追加され、「黒帽に白線3本」というのがプール界の頂点であった。しかし、6年間のあいだにそこに到達する者は稀《まれ》であった。3つ上の姉は異常に運動神経がよく、6年生になってすぐ頂点に上り詰め、小学校の歴史に名を刻んで卒業した。

そうしてやってきた、6年生の夏休み最後の検定の日。私の黒帽にはすでに2本の白線が縫い付けられていた。この検定に受かったら、ずっと欲しかったビニールのキラキラメッシュサンダルを買いにいこうと母と約束していた。だけど、私の黒帽に3本目の白線がやってくることはなかった。それまでわりと何でもそつなくこなしてきた私が、初めて味わった大きな挫折感であった。

どうしようもなく暗い気持ちに飲み込まれそうになりながら、とぼとぼと重たい足を引きずって家に帰ると、玄関に新品のメッシュサンダルが置かれていた。母は何も聞かず冷蔵庫からフルーツゼリーを出してくれた。大きなタッパーに、缶詰のみかんとゼリーの素を流し入れて固めただけの簡単ゼリー。水泳検定の日には、必ずこのゼリーが冷蔵庫で待っていた。

中学生になって母はゼリーを作らなくなり、結局固いゼリーを食べたのはあの日が最後だった。大好物だったはずのあのゼリーのことを、私はすっかり忘れていた。欲しくて欲しくてたまらなかったサンダルも、なんだか急に幼く感じて、あまり履《は》かなかったような気がする。そんな夏の記憶を思い出しながら、目の前のゼリーをするんと吸い込んだ。缶詰じゃないオレンジで作られたゼリーは、後味がほんの少し苦くて、大人の味がした。

【キラキラゼリー】

勝っても負けても
冷蔵庫で待ってるよ
タッパーの中の
揺れないゼリーは
負けず嫌いへの
揺れないエール

ふらふらロープ飯

恒例の疲労困憊《ひろうこんぱい》ウィークがやってきた。雑誌『マッシュ』の入稿シーズンのことである。少人数で作っているため余裕がなく、いつも寝る間&食べる間も惜しんでギリギリまで手を動かしてしまうので、最後の2週間位はもう笑うしかないほどあからさまにボロボロだった。

今号のAD中島基文さんは、ぼんやりとした天才肌。感情の起伏があまりなく、もそっと笑い、もくもくと作業し、ぐーと眠る、犬のような人だ。作業はややのんびりだけど、上がってくるハイカラなデザインに私たちは幾度となく小躍りした。中島さんの仕事場兼ご自宅は、編集部から遠く離れた国立にあった。電話やメールでのやりとりでは効率が悪いと判断した我々は、仕事道具一式を抱えて国立の仕事場におじゃますることにした。中島さんの奥様は料理家のなかしましほさん。大好きな料理家さんに、まさかこんな形で「はじめまして」するとは思わなかった。

挨拶も早々に、2階の仕事場へ移動し、黙々と作業に取りかかる。ときどきデザインの相談を交わし、また黙々と作業。集中すると完全に時間を忘れて没頭する私に、中島さんは時折椅子をくるりと回し「すごい集中力ですねー」と人ごとのように言ってくる。「中島さんも集中してくださいっ！」と学級委員長のようにピシャリといい放ち、再び作業に戻る。と、また椅子がくるりと回る。「お腹、空きましたねー」とぼやく中島さんに、「もうっ！」と思った瞬間、私のお腹もぐうと鳴った。気づけばすっかりお昼を過ぎていて、1階から何とも美味しそうな匂いが漂ってくる。ワクワクしながら階段を駆け下り、洗面所で手を洗って食卓につくと、しほさんお手製のカレーが運ばれてきた。具沢山のスパイシーなカレーをモリモリ食べて、午後の部もモリモリがんばる。日が暮れるにつれ、私たちの作業ペースもどんどん上がり、再びお腹がぐうと鳴る頃には、とっぷり夜も更けていた。またもや1階からいい匂い。ふらふらになりながら階段を下り食卓につくと、アツアツのお味噌汁とほかほかおにぎりが登場。体が求めていたズバリの献立に涙が出そうになる。心の底から「いただきます」と合唱し、お味噌汁をすする。深い深い幸せなため息がこぼれた。「こんな美味しいお味噌汁を毎日飲めるなんて、中島さん幸せ者ですね」と聞いたら、「そうですか、ふつうですよー」と相変わらずあまのじゃくな答え。「この口か！」とつねりたくなったけど、このあともがんばってもらわないと困るので、ぐっと堪《こら》えておにぎりを頬張った。愛情のこもった手料理を頂きながら、最後の頼みの綱は食であると深く理解した入稿前の夜だった。

【ふらふらロープ飯】
ココロもカラダもふらふらだ
そんな時にすがりつきたいのは
おフランス料理でも
まわらないお寿司でもなく
誰かの手のぬくもり感じる
ふつうのごはん
なにをのん気な…!!
ぐう
そろそろ、お腹すきませんか
AD中嶋さん
くるりっ
なかしま いほさんの すばらしき夜食
どうぞ♫
オクラとみょうがのみそしる
山椒みそのおにぎり

キャピキャピカツ丼

ここ何年もカツ丼を食べていないことに、ふと気がついた。私は「胃腸の弱い食いしん坊」ゆえに、油ものを食べるとすぐお腹の調子が悪くなるため、カツ丼を食べる機会はめっきり減っていたのだ。しかし、そんな私にも毎週のようにカツ丼を頬張っていた季節があった。

中学3年生の秋。部活を引退し、受験勉強一色という頃。だけど思春期真っ只中な15歳女子の頭の中は、友だち、恋愛、おしゃれ、夢、その他いろいろ、勉強以外のことでぎゅうぎゅうだった。町に一軒しかないスーパーやビデオレンタル店や本屋が並ぶ、ほんの少しだけ栄えた一角に、「正吉」という小さな定食屋があった。ある日、仲良しグループのひとりが「放課後〝マサキチ〟に行かない？」と提案してきた。私が通っていた中学は校則が厳しかったので、放課後、飲食店に寄り道するなんていう提案は相当過激なものだったけど、なんだかものすごくワクワクすることでもあった。

私たちは、緊張しながらセーラー服姿でマサキチの暖簾《のれん》をくぐった。「学校帰りは駄目だ！」と追い返されたらどうしようという心配をよそに、おじさんはあっさり私たちを座敷に通してくれた。拍子抜けしつつ揃ってカツ丼を注文。そわそわしながら待つこと数分、湯気を立てたカツ丼が運ばれてきた。分厚いカツは出汁のきいた卵で覆われ、グリンピースが3、4粒、大盛りごはんには汁がたっぷり染みている。校則を破っていることや勉強時間を削っていることへの後ろめたさに蓋《ふた》をして、友だちとファッション誌を眺めたり、恋バナに花を咲かせたりしながら食べたカツ丼の味は、一度知ったらもうやめられない禁断の味だった。以来、「土曜の放課後はマサキチ」が私たちの定番になった。ときどき、後からやってきた男子グループが、私たちを見てバツが悪そうに帰っていくこともあった。席はいくらでも空いているのに。帰っていった男子の中に片想いの相手がいて、それをおじさんに言い当てられてキャーキャー言い合ったりした。

卒業式の日。好きだった男の子が校門で待っていた。彼は無言で私にグーを突き出してきた。中には彼の第二ボタンがあった。嬉しさよりも恥ずかしさが勝ってしまった15歳の私は、無言でそのボタンを受け取ると、全速力でみんなが待つマサキチへ走った。座敷に卒業証書の筒を転がして、私たちはいつまでもいつまでもおしゃべりをした。今日が終わって欲しくないような、明日が眩しすぎるような。そんな甘酸っぱい乙女心を、カツと一緒に頬張った。

【キャピキャピカツ丼】

遠ざかってしまった
カツ丼の味は
もう戻らない
思春期の味

ビールのおと

最近やたらとビールを飲んでいる。お酒はまあまあ好きだけど、あまり強くないと思ってこれまで生きてきた。そんな私が、自ら好んでビールを飲むようになるなんて驚きだ。

ここ2ヶ月私は演劇生活を送っていて、前半の1ヶ月はひたすら稽古漬けの毎日であった。演劇界の人々はお酒好きな人が多い。お酒が好きというよりも「飲むこと」が好きと言ったほうが正しいかもしれない。稽古や本番で汗した後の「プハー」のために芝居をやっているのではないかと思えるほどだ。稽古後の食事会という名の飲みの席で、はじめは梅酒などの甘いお酒をマイペースに頼んでいたのだけど、一刻も早く「プハー」としたい人たちをお待たせするのが心苦しくて「とりあえずビール」派に加わったところ、やたらとお酌上手な共演者たちによって、私はいつのまにやら「ごくごくプハー」が上手くなっていたのだった。

本番がはじまった。私はラストシーンでいつも激しく泣くため、カーテンコールを終え舞台袖から楽屋に戻る暗闇の十数歩の間に深呼吸して心を冷ますのだけど、ちょうど涙がひいたあたりで楽屋から「プシュッ」と缶ビールのあく音が聞こえてくる。共演者たちが早速「おつかれカンパイ」をしているのだった。最初の頃は、涙を拭いながら「早っ!!」と驚いたけれど、それももうすっかり慣れた。

今回の舞台は、劇中で何度もビールが登場する。緊迫した場面で一口飲んで鋭い言葉を放ったかと思えば、長年の想いの丈をビールの勢いとともに打ち明けたり。私の役どころは一言で言うならば「わからない女」だった。わからない女を演じるのは想像以上に息苦しく、体がいつも緊張していたけれど、唯一ほぐれる瞬間があった。わからない女をわかりたいと思う主人公の男（光石研さん）が長年の想いを女に伝え、その想いが報われた後、兄（池田成志さん）

とビールで乾杯をする場面だ。男は涙ながらに「新鮮だなあ、この缶のあく音さえ」と幸せを噛み締める。このとき私はもう舞台袖にはけていて、急いで着替えに行かなければならなかったのだけど、その後の展開を思うとその音が愛おしくてたまらず、なかなか立ち去れなかった。

もうすぐ千秋楽を迎える。プシュッと缶のあく音が、カチンと杯を鳴らす音が、ごくごくプハーの音が響き渡っていた毎日から、また静かな日常に戻る。これから先、自らプシュッとする機会が増えるのか、はたまた元どおりに減っていくのか。それはまだわからないけれど、ビールを飲むたび、きっと私は耳を澄ませるのだろう。

【ビールのおと】

プシュッとあけて
カチンとならして
ごくごくプハーと響かせる
ビールの旨さは
音にある!?
わかる女に
なりたいものだわ

舞台「水の戯れ」の、愛おしすぎるワンシーン
新鮮だなァ この缶のあく音さえ
弟 光石さん
じゃあもう1個 あけていいよ
兄 成志さん
舞台袖で じっと耳を すませる私
義妹
なんて シアワセな音なんだろう…

ザザザーポテチ

ポテトチップスのことを「ポテチ」と呼ぶようになったのは、たぶん『きんぎょ注意報！』というアニメがきっかけだったと思う。正確にはひらがなで「ぽてち」。小学生だった私は、そのチャーミングな響きに心をときめかせた。ピンクの金魚〝ぎょぴちゃん〟がぽてちをくわえて空を飛ぶ姿が、たまらなくかわいかった。じゃがいもが苦手だと以前書いたけれど、私にとってポテチはじゃがいもとは別物。じゃがいもの「ほこほこ感」は苦手だけれど、パリパリ響くポテチの音に、私は今も昔も夢中だった。

子供時代の記憶の中で、ポテチは姉の食べ物だった。少ないお小遣いの中で一袋100円前後もするポテチを買う大胆さを持ち合わせていなかった私は、いつも安い駄菓子をちまちまと買うのだけど、姉はポテチという大物をひとつだけ買うという大人な選択をしていた。「ひとりで全部食べたい」派の姉は、「ちょっとちょうだい」気質の妹に、不満げな顔をしながらもいつもポテチをお裾分けしてくれた。

姉は秋にだけ現れるギザギザしたポテチを毎年心待ちにしていた。当時「うすしお味」ともうひとつ、「しょうゆ味」というのがあって、私たち姉妹はその味が大好きだった。姉が買ってきたしょうゆ味のポテチを、1枚1枚大切に、吸うように味わう。パリポリと一気に食べたりせず、口の中でじわりと旨味が広がるのを堪能する。全部食べてしまうのがもったいなくて、私たちはわずかばかりのかけらを残し、くるくる丸めて輪ゴムでとめる。最後のかけらをザザッと流し込む快感を我慢するのは辛いけれど、袋の隅に残ったかけらは一晩置くと味が染みて、最高に美味しくなることを私たちは知っていた。

次の日の朝、姉より早く起きた私は台所の片隅で丸められたポテチの袋をひとりで見つめていた。悪魔のささやきを聞いた私はそっと輪ゴムを外し、宝石のようなポテチのかけらをザザッと無心で流し込んだ。ぎゅーっと凝縮されたしょうゆ味が口中に染み渡るのと同時に、罪悪感が一気に襲いかかる。私は袋を小さく小さく折り畳んでゴミ箱に捨てた。「おはよー」と清々しく起きてきた姉は、ポテチの袋を目ざとく発見し、激昂《げきこう》した。姉の顔がみるみる涙で歪《ゆが》んでいく。めったに泣かないぶん、本気で泣いたときの姉は手がつけられなかった。「お小遣いで弁償するから！」と必死で訴える私。「今日の朝、食べるのを楽しみにしてたのに!!」と怒り泣き叫ぶ姉の乱れっぷりは、数ある姉妹喧嘩の中でも歴代1位だったように思う。

あの朝の事件を思い出すと、私たちはいつも笑ってしまう。今でも帰省したときには母と一緒にスーパーに行き、姉とお菓子売り場でポテチを選び、カゴに放りこむ。たまにしか会えない私と、夕飯のあとにポテチを食べながらしゃべるのを姉は楽しみにしていて、だけど育児で疲れている姉は、いつも子供を寝かしつけたままポテチを食べずに寝てしまう。深夜、実家のリビングでテレビを見ながら、ひとりパリポリポテチを頬張る。最後のかけらはもちろん食べず、明日の朝のために少しだけ残して、くるくる輪ゴムでとめておくのだった。

【ザザザーポテチ】

さいごのかけらを
ザザザーと一気に
流し込み
パリポリしあわせ
ひとりじめ
一生忘れぬ
姉の泣き顔

ピカピカミート

「鶏か、豚か、牛。どれが一番好き？」と聞かれれば、私は子供の頃から迷わず「鶏‼」派である。そんな私が最近、ステーキにはまっている。友人である素敵な女優さんが、「仕事で疲れた日は、ひとりでステーキを食べて帰るのよ」と話していて、影響されやすい私は「ひとりステーキ、カッコいい‼」となったわけである。

私のお肉遍歴を振り返ってみると、子供の頃は、家でも外でもとにかく鶏肉が一番のごちそうだった。焼肉よりも焼き鳥。カツ丼よりも親子丼。豚汁よりも鶏汁。「たまには奮発してステーキハウスに行こう！」と家族が盛り上がる中、ひとりファミレスのチキンプレートを食べたいとわがままを言って父と大喧嘩し、ファーストフード店に行けば数あるハンバーガーには目もくれず、テリヤキチキンバーガーだけを指名し続けた。母が奮発して用意したすき焼きやトンカツには興味を示さず、オムライスの中の小さなモモ肉にうっとり舌鼓。時間がないからと母がやむなくスーパーで買ってきた骨付きのテリヤキチキンを私はいたく気に入り、小学生時代の誕生日は決まってオムライスとスーパーのチキンだった。腕の振るい甲斐のない娘だったと、未だに母に言われる。ある日、祖母が私に冒頭の質問をした。迷わず「鶏肉っ！」と答えたところ、祖母は「なんとまあ、お金のかからない子だ」と言って私の頭を撫でた。私のする事なす事すべて褒めることしかしない祖母だったけれど、「ただの鶏肉好き」が「親孝行な鶏肉好き」に格上げされたようでなんだか誇らしかった。

そんな私が、ここにきてステーキだ。避けてきたわけではないけれど、鶏肉ばかり選んできた私の肉人生、牛のステーキは数えるほどしか食べたことがなかった。そんな私の体に、牛の脂は刺激が強すぎたのだろうか。仕事に疲れた日に勢い勇んで牛のステーキを食べると、かなりの確率でお腹を壊してしまうのだった。

大人の女性らしく姿勢を正してナイフを静かに動かしながら、私はかつてのトラウマを思い出していた。『おぼっちゃまくん』というアニメの中で、ステーキの脂身が大好きな茶魔が、脂身だけを瓶に詰めてこっそり庭に埋めておくというエピソードだ。瓶に詰まった脂身の光り輝く強烈なビジュアルを思い出し、ドキドキ変な汗をかきながら目の前のステーキと対峙《たいじ》する。私が「ステーキ大好きぶぁい！」と胸をはって言える日は、まだまだ遠い。

【ピカピカミート】

仕事帰りの
ひとりステーキに
あこがれる
ピッと背すじのばして
キコキコ、パクリ
ひとり焼き鳥より
なんだかちょっと
ステキなかんじ

どっさりチョコレイト

デパートや駅ビルを通りすがりながら、「そうか、もうすぐバレンタインか」と思い出す。チョコに群がる乙女たちを遠巻きに眺めながら、なんにも買わずに通過する私。バレンタインのチョコレートが進化していることは、なんとなく知っている。とてつもなく美味しいものがあるってことも知っている。だけど私は昔から、断固「手作り派」だ。世の中の主流は「市販の美味しいチョコ」なのかもしれない。手作りは「重い」のかもしれない。それでもやっぱり作りたい！　と思ってしまう私は、もしかしてメンドクサイ部類の女なのだろうか。

私にとって初めてのバレンタインは小3だった。とにかくチョコを作りたかった私は、お姉ちゃんに協力してもらってトリュフを作った。作ってから誰にあげようかと悩んだ私は、気になる男子がいたのにもかかわらず、なぜだか『ちびまる子ちゃん』の山田的ポジションの男子にトリュフをあげ、本命の男子にはチロルチョコをあげた。漫画『天然コケッコー』で、そよちゃんが大沢くんにあえてパイプチョコをあげちゃった、あの感じに似ている。その後、山田にトリュフをあげたことを本命の男子に散々からかわれ、ホワイトデーには山田のお母さんから立派すぎるお返しを頂いてしまい、子供心にものすごく自己嫌悪に陥《おちい》った。以来、バレンタインは平等に！　がモットーとなった。

バレンタインデーの前日は、自宅がチョコレート工場になる。作るのは、シンプルなガトーショコラ。スーパーで板チョコをどっさり買ってきて、大きなボウルで湯煎《ゆせん》する。チョコの匂いが部屋中に充満して、ああ幸せだ。大きな四角い型に入れて焼き、できあがったら一晩寝かせる。当日の朝早起きして一口サイズに切り分けて、せっせと袋詰め。この時間が実は一番好きだ。目的もなく買い集めてしまう包み紙やリボンを、ここぞとばかりに贅沢に使う。「チョコレイト」とスタンプを押したラベルをペタリと貼って、ハイできあがり。できあがった大量のガトーショコラをカゴいっぱいに詰め込んで、男子も女子もみんなに平等に、その日会った人全員にサンタクロースのように配る。「手作りも、分散すれば、軽くなる」ハズ。ああやっぱり、バレンタインは私が楽しい。自己満足だと言われようと、きっと私はこれからも毎年せっせとチョコを焼く。そうして、ガトーショコラの味はどんどん進化を遂《と》げるのであろう。数十年後、おばあちゃんになった私のチョコを孫たちが毎年楽しみにしている、そんな〝ショコラティエなおばあちゃん〟を目指そうと思っている。

【どっさりチョコレイト】

手づくりも
分散すれば
かるくなる!?
そうと信じて
せっせと作るよ
ガトーショコラ

まってよラーメン

『ふしぎなおきゃく』という絵本をご存知だろうか。美味しいと評判のラーメン屋〝どんちんけん〟に、帽子を目深にかぶりマフラーをぐるぐる巻きにしたふしぎなお客がやってくる。このお客は、いつもラーメンをひとくちふたくち食べると、すぐに帰ってしまう。不審に思った店主のけんさんがこっそり後をつけて森の奥へと入って行くと、そこにあったのは……！　という、ちょっぴりミステリー仕立てのお話だ。この物語に登場する、海苔とチャーシューとナルトがのった昔ながらの醬油ラーメンが本当に美味しそうで、私は読むたびに「ラーメン食べたい！」と母にせがんだものだった。我が家の食卓にラーメンが上ることはほとんどなかったけれど、ごく稀に母が作ってくれることがあった。それは家族の健康を想った野菜たっぷりの塩ラーメンで、もちろん美味しいのだけど、私の心は複雑だった。私が食べたいのは〝どんちんけん〟の醬油ラーメンなのだ。

ある夜のこと。夕飯も食べ終わり家族でテレビを見ていると、チャルメラの音が聞こえてきた。田舎町のはずれにラーメン屋さんが来ることなんて滅多になく、興奮した私は母に「ラーメン屋さんだ！　食べたい‼」と懇願した。「さっき夕飯食べたばかりでしょ！」と一蹴《いっしゅう》されるも、しつこく食い下がる私に根負けした母は、「これに入れてもらいなさい」と、どんぶりと千円札を持たせてくれた。玄関を飛び出した私は、遠ざかるチャルメラの音を頼りに、どんぶりを抱えて走った。ふしぎなおきゃくを追いかけるけんさんの気分だった。息せき切ってようやく追いつき、ドキドキしながら「ラーメンください」と叫ぶ。今思えば、これが私の初めてのおつかいだった。もわもわと立ち上る湯気でおじさんの顔は見えなかったけれど、どんぶりになみなみラーメンを入れてもらったときのワクワク感は今でもはっきり思い出せる。まさに〝どんちんけん〟みたいな醬油ラーメンを、そーっとそーっと運んだ。家に着く頃にはすっかりのびきっていたけれど、それはうっとりするほど美味しかった。

大人になって、いろんなラーメンを食べてみたけれど、結局のところ私はラーメンという食べ物が特別好きなのではなく、〝とんちんけん〟みたいな絵に描いたような醤油ラーメンに限って好物なのだと思う。シンプルな醤油ラーメンと向き合いながら絵本の味を想像し、にまにましながらラーメンをすする私も大概、〝ふしぎなおきゃく〟なのだった。

【まってよラーメン】

大好きなわけじゃ
ないんだけれど
ときどき無性に
恋しくなる時がある
どこにでもありそうな
幻の味を求めて、
物語の中へ
迷い込む…

ケチケチアイス

私はアイスの食べ方がケチくさい。アイスとは、限られた時間の中で食べなければいけないハラハラ感と、甘い幸せをじっくり堪能するウットリ感という、ふたつの相反する特性を併せ持った魅惑の食べ物だ。その矛盾と戦いながら緩急つけて食べることがアイスの真っ当な楽しみ方であることはわかっているけれど、ケチな私はアイスを一気に食べることができない。

例えばモナカアイス。菊池家では一列食べが基本だった。実家の冷蔵庫にはよく食べかけのモナカアイスが、くるりと袋が畳まれた状態で入っていた。家族の誰かとリレーのように交代で一列ずつ食べ進め、最後の一列に当たったたときは、最高の気分でバトンを受け取りゴールを決める。また、紙製の円筒カップに入ったあのアイス。ハート形の細長い穴に甘酸っぱいフルーツソースが底まで入ったアイスを、まずは外側のバニラ部分だけ食べる。砂場の棒倒しの要領で真ん中のソースのエリアだけ残し行けるとこまで行ったら、残った真ん中の濃い部分だけをうっとり頂く。要するに、幸せをあとにとっておきたいがゆえのケチケチなのだ。

そんなアイスにまつわるケチ話を書いていたら、ひとつのカップアイスのことを思い出した。あれは東京でひとり暮らしを始めたときのこと。母が引っ越しの手伝いのために何日か岐阜から出てきてくれていた。生活用品の買い出しに行ったり、外でごはんを食べたりと、母娘ふたりで新生活にはしゃいだ数日間だった。母の滞在最終日。急な仕事が入った私は、やむなく母に見送られて仕事に向かった。「早く終われ、早く終われ」そう思うときに限って撮影は押しに押し、結局母を見送ることができなかった。

重たい足取りで帰路につき、誰もいない部屋にひとりで帰宅。電気をつけたら、テーブルに夕飯が用意されていた。何も考えず一気に平らげ、なんでもない感じで母に電話した。「ごはん食べた？　片付けもしっかりね」「わかってるよー」と、いつもどおりの会話をして電話を切った。大丈夫、大丈夫。そう言い聞かせながらひとり暮らしをこなす日々。母が帰ってから数日経った頃、ふと冷凍庫を開けたらラムレーズン味のカップアイスが入っていた。ひとつ300円近くする高級カップアイス。実家にいる頃は滅多に買ってくれなかったやつだ。ペラリ一枚、「がんばってね」と書かれた紙切れが添えてあった。フローリングの床にぺたりと座り、ベッドにもたれてアイスを食べる。ずっと堪えていた涙がぽろぽろと溢れた。一口だけ食べたらすぐ蓋をして戻した。冷凍庫の片隅に母の気配を感じながら、毎日ちょっとずつケチケチ食べたアイスは、私にとてもとても甘かった。

【ケチケチアイス】

冷凍庫のなかに
食べかけのアイスがひとつ
それさえ あれば
私はきっと 大丈夫
ケチくさいのはわかってる
強がり乙女に
ひと口の 甘やかしを
おゆるしください

餃子に対して「かわいい」という表現を使うのは間違っているのかもしれない。だけど、このとき私の前に現れた餃子は、「かわいい」としか言いようがない愛おしいものだった。

先日仕事で福岡を訪れたときのこと。日帰りすることもできたのだけれど、次の晩に見たいライブがあったので、延泊することにした。東京の友人たちが〝面倒見が良すぎる福岡の父〟と慕っているMさんも同じライブに行くと聞き、合流することになった。Mさんは高校生と小学生の娘さんがいる立派なお父さんなのだけど、優しくてオタクで話しやすくて、私たちはこの日がハジメマシテだったにもかかわらず、旧知の友だちのように打ち解けた。「最近下の娘が自転車に乗れるようになってね」と嬉しそうに話すMさんを眺めながら、うちの父も、私とお姉ちゃんのことをこんな風に誰かに話したりするのだろうかとぼんやり思った。

お目当てのライブでじんわり涙した私とMさんは、「お腹空いたねー」と西新《にしじん》にある一軒の餃子屋へと向かった。そこで出会ったのが冒頭の「かわいい餃子」である。暖簾をくぐると、カウンターには常連さんがずらり。その奥で、寡黙《かもく》そうなご主人が黙々と餃子を焼いている。座敷に座り、酢もつをつまみにビールを飲みながら餃子を待つ。うちの父はビール1杯で寝てしまうような人なので、お父さんと晩酌しているような雰囲気がなんだか新鮮だった。そうこうしている間に運ばれてきた餃子は、耳たぶの「たぶ」ぐらいの小さなサイズで、まあるい焼き目はほっぺたのよう。思わず「かわいい！」と声をあげてしまった。そっとひとつをつまんで食べる。ぷるん、むちむち、じゅわり。姿だけでなく食感までかわいくて、私はニタニタ変態のような顔で20個ぺろりと平らげた。

帰り際、厨房を覗かせてもらった。「たぶ」サイズの小さな餃子をぎゅっぎゅっと握ってヒダを作るお父さんの手元を眺めながらふと思い出す。うちの父は娘と積極的に触れ合う子煩悩《こぼんのう》タイプの父親ではなかったけれど、私の耳たぶだけは特別だったようで、〝ぷるぷるちゃん〟と変なアダナで私を呼びながら、しょっちゅう耳たぶをつねってきた。幼かった私は、「おとうさんのへんたいー！」と言って振り払っていたけれど、「かわいい餃子」を食べる私の顔は、あのときの父のようだったに違いない。

娘さんへのお土産餃子をぶら下げたMさんは、「また福岡に来てねー」と手を振って去っていった。私がライブで涙したのは、高田漣さんが歌う、父・渡さんの『系図』という曲だった。子供が生まれた夜に質屋に走り、その後酒屋をたたき起こしたおやじの歌を小さく口ずさみ、耳たぶをぷにぷにと触りながら夜道を歩く。無性に誰かをむぎゅーっと抱きしめたくなった福岡の夜だった。

【ぷるぷる餃子】

耳たぶサイズの
小さな餃子
ぷるぷるムチムチ
かわいい食感
ニタニタ顔で
味わいながら
かつてのアダナを
思い出す

ヨソモノ味噌汁

よその家の味噌汁って、なんだかちょっぴり気まずい。他人の手料理が苦手なわけでは決してない。むしろ手料理を振る舞われるのは大好きだ。だけどお味噌汁というものに限っては、その家庭だけにフィットする、ものすごく狭い世界のソウルフードだと思うのだ。それをヨソモノが頂くという行為は、ひと様の家庭の事情を覗き見するようなもの。気まずくて、居たたまれなくて、そして我が家が恋しくなる。それは大げさな話でもなんでもない。

私が初めてそれを感じたのは、小1の頃。母の帰りが遅くなり、お隣で夕飯を頂いたときのことだった。しょっちゅうお裾分けを頂いていたので、おばちゃんの味には慣れていたはずだった。それなのに私は、お味噌汁を一口飲んだ途端、激しいホームシックに襲われた。家はすぐ隣で、母だってもうすぐ帰ってくるのに、私は体にじんわり染み入る暖かくて美味しい違和感を受け入れることができず大泣きしたのだった。幼なじみのこうちゃんが、隣でぽかんとしていた。

さらに手強いヨソモノ味噌汁は、毎年夏休みに里帰りしていた母の故郷富山の味噌汁だ。そもそも我が家の味噌汁がどんな味だったかと言うと、クセのない合わせ味噌に、お豆腐やワカメ（日曜はじゃがいも）などのスタンダードな具材が基本。たまねぎは必ず入るので、ほんのり甘いのが特徴だった。一方富山の味噌汁は、臭みのある田舎味噌に、ナスや茗荷《みょうが》がどっさりという、子供からしたらクセありまくりの曲者《くせもの》味噌汁だった。富山の家は農家で、私が起きる頃にはおじいちゃんもおじさん（母の兄）も畑に出払っていた。眠い目をこすりながら、だだっ広い続き間を通って廊下に出る。ぺたぺたと足の裏に吸いつく古い木の感触と台所から立ち上る曲者味噌汁の香りに、「ああ富山に来てるんだった」と思い出す。食卓につき、もそもそと箸を動かす。隣に座る母が、「これにそうめんを入れてもらってね、ラジオ体操から帰ってきて食べるのが嬉しかったの」と少女のように話すもんだから、苦手だなんて言えなかった。ひと仕事終えて帰ってきたおじさんが、「あきこはまだ食べとるんか！　のろまやなあ」とちょっかいを出してくる。呼び捨ても（普段家族からは、あきちゃんと呼ばれていた）、母がおじさんのことを「にいちゃん」と呼ぶのも、へんな味噌汁の味も、私はなかなか慣れることができず、夏休みの里帰りには、いつも小指の先っぽほどの憂鬱が混じっていた。

私が慣れ親しんでいた味噌汁の味は、結局のところ母が父と祖母の好みに合わせて作っていたもので、母は今でも夏になると、あの曲者味噌汁の味が恋しくなると言う。そして、母の元を離れて自炊するようになった私の味噌汁には、合わせ味噌とほんのひと匙《さじ》の田舎味噌が入っていて、ときどき茗荷がどっさり入ったりもする。曲者だった味噌汁の味が、いつの間にか私の定番になっていて、なんだかちょっとだけお母さん孝行をした気分なのだった。

【ヨソモノ味噌汁】

わたしの体は
味噌汁でできている
我が家の歴史が
わたしの体を満たしてる
どれだけ美味しくたって
ここが我が家じゃない限り
アナタは不法侵入者

オイラの仙豆

漫画『ドラゴンボール』に、仙豆《せんず》という食べ物が登場する。猫の仙人カリン様が栽培する緑色の豆で、一粒ポリポリと食べればたちまち疲労回復、怪我も治り、元気100倍になるというスーパーミラクル栄養食だ。ドラゴンボールを見て育った人ならば、一度は必ずお菓子を仙豆にみたてて遊んだことがあると思う。走り回ってヘトヘトになった友だちの顔の前に、「仙豆だ、食え」とお菓子を差し出し、食べた人はみるみるパワーがみなぎってくる芝居をするというチームプレイだ。

子供にとっての仙豆はあくまで遊び道具のひとつであり、その効能はあってないようなものだったけれど、大人にとっての仙豆は、疲れた体と心（主に後者）を回復させるのに必要不可欠な存在だ。仙豆の実体は人によって異なるが、私にとっての仙豆は12個入りの某チョコレート（白に限る）だった。それに気づいたのは、大学4年生のとき。建築系の学部に所属していた私は、常に課題に追われる忙しい日々を送っていた。授業が終わったら研究室に直行し、そのまま深夜まで図面を引いたり模型を作ったりしていた。締切目前になると研究室に泊まり込む学生もいた。帰宅組がいなくなり、カチッカチッとマウスの音だけが響く静かな研究室。深夜1時頃になると誰かがのそりと立ち上がり、「コンビニ行くけど、なんかいるひと〜」と力なく声を出す。するとパソコンのモニターの向こう側からゾンビのような手がゆらりと何本も上がり、「いちご味のマシュマロ〜」「杏仁豆腐〜」「おいなりさん〜」と、同じく力ない声がこだまのように返ってくるのだった。

そういうときに、私がついつい頼んでしまうのが「白いチョコレート」だった。切羽詰まった状況になると特定のものばかり食べてしまうのは、精神安定剤的な自己暗示だったのかもしれない。それぞれの仙豆がなんであるかを全員が把握していたため、「アイツしんどそうだな」と気づいたら、頼まれずとも机の上に仙豆をそっと置いておくという優しさもよく見られた。もちろん、仙豆を食べたからといって本当に体が元気になるわけではないけれど、辛いときに仙豆を食べて乗り越えたという経験の積み重ねによって、仙豆の効能はどんどん上がっていくのだった。

あれから10年以上経つけれど、相変わらず私はしんどくなると無意識に「白いチョコレート」をレジに持っていってしまう。カバンの中に仙豆が入っていると安心するし、12粒食べ終わる頃には「さあがんばるぞ」と前向きになっているのだから仙豆様々だ。もういい大人なので、仙豆よりもおにぎりやお肉を食べたほうがよっぽど効果的だってことぐらいわかっている。わかっちゃいるけど、大人だからこそファンタジックでミラクルな仙豆パワーを信じたいときがあるのだよ。はてさて、あなたの仙豆はなんですか。

【オイラの仙豆】
へとへとふらふら
もうだめだ
力もアイディアも
出てこない
そんなときには
あのひと粒！
みるみる元気
わいてくる

ぷにぷにカロリー

カロリーという単語を意識し始めたのは、一体いつ頃だったのだろう。私は幼児期こそムチムチと肉付きのよい子供だったけど、小学校に上がったあたりから縦ににょきにょきと伸びはじめ、身長が止まった20歳ぐらいから、ほとんど体重は変わっていない。食べても食べなくても、あまり体重に変化がないタイプだ。そんな私にも、〝カロリー〟と必死で戦っていた時代があった。

そもそも私が中学生ぐらいの頃は、〝カロリー〟という概念が今ほど浸透していなかったように思う。心も体も未熟だった私の辞書に「ダイエット」なんて文字はなく、いつだって腹ペコだった私は、食べたいものを食べたいだけ食べていた。中学3年生くらいの頃、ミルククリームのようなものがたっぷりはさまった、カロリーの塊のようなスティックパン（今なお健在のナイスなロングセラー菓子パン）にハマり毎日のように食べていた。その頃はまだ、パッケージにカロリーは表記されていなかったような気がする。その後、90年代後半頃からカロリーが表示されるのが当たり前になり、ちょうど同じ頃に私はモデルの仕事を始めた。

突然空から降ってきた〝ダイエット〟と〝カロリー〟の文字。事務所のマネージャーに「体は細いけど顔が丸い。太ると顔に出るタイプね」と鋭く指摘され、16歳だった私はアッチョンブリケの顔で途方にくれた。大好物だったスティックパンのカロリーの高さに衝撃を受け、人生で初めて「食べたいものを我慢すること」の辛さを味わった。ファッション撮影の現場はつくづく残酷で、太るべからずなモデルの前に、いかにも美味しそうなパンやお菓子がずらりと並ぶ。すっきり小顔なモデルさんたちが無邪気にぱくぱく頬張るのを横目に、「太ったら顔に出る」という言葉を悪魔の呪文のように唱えながら、必死で我慢した。「顔が丸いのは若い証拠、フレッシュで結構結構！」と、今なら思えるけれど、あの頃は全くそう思えなかった。カロリーとともにほっぺの肉を手に入れてしまうことが怖かったし、笑うとまんまるになるほっぺが憎くて、カメラの前で笑えなかった時期もあった。

撮影のたびに岐阜から上京して仕事をしていたあの頃。いい撮影ができた日はお弁当を我慢してコンビニで大好きなスティックパンを買い、帰りの新幹線で食べる時間がとても幸せだった。「次の撮影はまだ先だから、今日くらいいいよね」と自分に言い聞かせ、恐る恐る、はむっと頬張る。甘いクリームにうっとりしつつ、暗い窓に映る自分の顔がこの一口で丸くなってやしないかと、ほっぺの肉をつまんでみる。1本ぺろりと食べきった後は、隣の席のおじさんに気づかれないように、せっせとあいうえお体操に勤《いそ》しむのだった。

【ぷにぷにカロリー】

お財布事情と
カロリー事情って
ちょっと似てる
欲しい洋服
食べたいおやつ
ペラリ裏返し
シビアな数字と
にらめっこ

トゲトゲ炭酸水

「炭酸ってカッコイイ」。田舎育ちの私にとって、炭酸のイメージは、ずっとそんな感じであった。小学校3年生ぐらいのときに迷彩パッケージの炭酸ジュースが流行り、マウンテンバイクのホルダーにそのボトルを入れて走り抜けていく近所のお兄ちゃんたちがキラキラカッコよく見えた。炭酸の刺激は、小さな星屑を大量に飲み込むみたいでちょっと痛いけど、その痛みがなんだか大人っぽくてカッコイイと思っていた。私にとって炭酸は、ちょっとカッコつけて背伸びをするためのアイテムだった。

大人になっても根本的にその認識は変わらなかった。プレーンな炭酸水を飲む習慣が世の中に浸透していく中で、味のないただのシュワシュワした水にお金を払うということに、私は少し抵抗を感じていた。「みんなカッコつけて飲んでるんでしょ」って思っていたし、実際私はお店でカタカナの名前の炭酸水を注文するとき、「なんかカッコイイ」と思っていた。しかし、そんな偏ったイメージを覆す出来事があった。

数年前、ポルトガルを旅したときのこと。ワインが感動的に美味しくて、調子に乗ってグビグビ飲みまくり、ご機嫌で夜道をルンルン歩いていたら、突然激しい気持ち悪さに襲われてその場にしゃがみ込んで立ち上がれなくなってしまった。夜の街並みがものすごい勢いでぐるんぐるん回って、気分が悪いどころの騒ぎではない。もともとお酒を飲んで酔い潰れるようなタイプではなかったので、一緒にいた人たちが心配して介抱しようとするのだけど、気持ち悪すぎてその場から1ミリも動けない。そんな悲惨な状態の私を見たジョージ・クルーニー似のドライバーのアベちゃん（名前がアベルだったから、そう呼んでいた）が、「ここで待っていて」と言って駆け出し、炭酸水を買ってきてくれた。水さえ受けつけない気分だったけど、「とにかく無理してでも飲むんだ！」とアベちゃんが強く言うので、がんばってごきゅごきゅ飲んだ。するとどうだろう！　あんなにあんなに気持ち悪かった胸のもやもやが、瞬く間にきれいさっぱり晴れ渡っていったのだ。「た…助かった」と涙が出た。酔ったときに炭酸水を飲むというのはもしかしたら普通の対処法なのかもしれないけれど、普段潰れるほどお酒を飲まない私は、魔法にでもかけられたかのような回復っぷりに衝撃を受けた。「悪酔いには炭酸水が一番さ。だけど絶対天然のやつじゃないとダメだよ」とウインクするアベちゃんが天使に見えた。

それ以降、私は何かにつけ炭酸水に頼るようになった。お酒に酔ったときはもちろん、車酔いしたときも、食べすぎたときも、とにかく気分が悪くてこれはカッコつけてる場合じゃないぞ！ってときこそ、炭酸水の出番だった。喉に刺さる刺激を「カッコイイ」と勘違いしていたあの頃の私に教えてあげたい。尖《とが》った刺激の向こう側にある安らぎこそ、本当のカッコよさなんだってことを。

【トゲトゲ炭酸水】

大量の星屑を
ごくごくっと飲み込むような
トゲ☆トゲ尖った
痛みの先には
深いやすらぎ
待っている

オレにホレると
ケガするゼ
炭酸水の
イメージ
昔
今
ぼくがいるから
だいじょうぶ

せかせか弁当

先日の『サザエさん』は、運動会の話だった。そういえば、姪っ子の運動会ももうすぐだ。「そんな季節だなあ」としみじみしつつ、磯野家のお弁当が栗ごはんのおにぎりであることに感動を覚える。「はて、菊池家の運動会のお弁当は、どんなだったかしら」なんて思い返していたら、ぼんやりと早朝の朝靄《あさもや》の空気が蘇ってきた。

運動会当日の朝は早い。〝朝の6時に花火があれば開催〟という決まりだったので、私と姉は早起きして窓から顔を出し、耳を澄ませていた。ドーンと花火が上がると同時に、私たちはパジャマを脱ぎ捨て体操着に着替え、母は場所取りのために学校へと走った。とにかく活発な児童だった私は、応援団、リレーの選手、放送委員に、鼓笛隊《こてきたい》の指揮者と大忙しだった。下ろしたての白いソックスをはき、体操着の袖に委員印のリボンをつけ、1年で最も張り切る1日が始まる。

出場種目はもちろんのこと、保護者席の後ろを通って放送席まで向かうときも全力で走っていた。「鼻の穴を膨らませて得意げに張り切る姿が可笑《おか》しかった」と家族から未だに言われる。午前の部の最後には、校長先生作曲の『にこにこ音頭』を親子で踊る。「私、誰よりも上手に踊るわ」と、今度は母が張り切る番だった。

待ってましたのお弁当タイム。さっきまでライバルだった子も、いつもは格好つけてるスポーツ万能の男の子も、赤白帽を脱いで家族のもとへと走っていく姿は皆完全に子供で、私はその感じが何だかたまらなく恥ずかしいような気がして、「すごかったねー」と褒める家族の前でも「たいしたことないよ」とクールぶっていた。4段重ねのタッパーウエアには、母お得意の顔つきおにぎりに、甘じょっぱい卵焼き、のり巻きチキンに、エビのベーコン巻と、私と姉の大好物がぎっしりと詰められていた。急いで平らげ、「委員の仕事があるから！」といそいそ立ち上がる私を捕まえ、母は「デザート食べていきなさい」と果物を剝《む》き始める。「早くしてよ！　忙しいんだから！」と文句を垂れながらも、私はそれがいつも嬉しかった。遠足のお弁当のカットされたりんごより、目の前でお母さんが剝いてくれるりんごのほうが何倍も美味しいに決まっていた。

午後の部がもうすぐ始まる。鼓笛隊に組立体操に応援合戦、そしてラストのリレーへと、運動会はクライマックスへと突入する。校庭で家族揃って食べるお弁当は楽しくて美味しい。だけどリレーのことを考えると、心臓のドキドキが止まらない。それに気づかれたくなくて、私は剝きたてのりんごを急いで頰張ると、赤白帽をキリリと被り直して、自分の持ち場へと全速力で戻るのだった。

【せかせか弁当】

世界各国の旗が揺れ
クシコスポストが流れる秋の空
鼻の穴を膨らませた
ヒーローたちは
お弁当のときだけ
子どもの顔に戻るのだ

わたし、委員の仕事とかあって忙しいからさ、もう行くねっ!!
りんご
ハリキリヒーローモードに切り替え
いってらっしゃーい
ケチャップついてるよ…

ほこほこ肉まん

冬の気配を感じると真っ先に食べたくなるもの、それは肉まんだ。コンビニのレジ横に佇《たたず》む、白くてまあるいアイツの姿を確認した瞬間、遠距離恋愛の恋人と久しぶりに会ったかのようなトキメキと高揚を感じる。もちろん迷わず購入し、コンビニを出た瞬間パクリ。お行儀が悪いのはわかっているけれど、肉まんは寒空の下でほふほふ頬張るに限るのだ。大口を開けてふわふわのアイツに齧りつくと、ほっぺが落ちるのと同時に私の心臓はなぜだかキュっと疼《うず》く。

それまでトキメキなんて漫画の中でしか味わったことがなかった私が、中学2年生のとき、初めて恋をした。特別カッコいいわけでもなく、スポーツ万能なわけでもない。背は私よりちょっとだけ低くて、勉強もニガテ。だけどなぜだかいつも場の中心にいて、ユーモアだけで人生を乗り切ろうとしているような人だった。お互い気になっていたけれど、学校の中で言葉を交わすのが恥ずかしくて、こっそり手紙を交換するようになった。ノートを破って書いたメモみたいなやつ。その日あったことや、お笑い番組の話など、くだらない内容がほとんどだったけど、ときどき中学生らしからぬロマンチックな言葉が綴られていることもあった。必ず最後に「恥ずかしいから読んだら捨ててね」と書かれていたのだけど、〝捨ててね〟が〝拾ててね〟になっていて、そんなバカなところも好きだった。少女漫画のページを捲《めく》るよりも何よりも、その小さく畳まれた紙切れを開く瞬間が、私の心を特別ドキドキさせた。

私たちは、学校帰りに路地裏で待ち合わせをして、時々一緒に帰った。帰る方向は真逆だったけど、彼はいつも遠回りをしてくれた。ある日の手紙に、「今日一緒にクワマン食べようね」と書いてあり、全く似ていない桑マンの似顔絵が添えられていた。肉まんと桑マン。ギャグの寒さも、放課後一緒に肉まんを食べるという一大イベントへのワクワクにかき消された。近所の駄菓子屋さんで肉まんをふたつ買い、神社の石段に腰掛けて頬張る。目の前に広がる田んぼと柿畑の先に私の自宅があった。誰にも見つかりませんようにと祈りつつ、ゆっくり時間をかけて食べた。ふと顔を上げると、遠くのあぜ道に人影が。案の定それは犬の散歩中の母だった。肉まんを頬張ったまま動揺して固まる私たちをよそに、母はウフフと笑いながら何も言わずに去っていった。

肉まんには、トキメキがぎゅっと詰まっている。今年もまた肉まんの季節がやってくる。私はほこほこと口から湯気を吐きながら、すっかり忘れていたハートの位置を思い出すのだった。

【ほこほこ肉まん】

美味しいものを食べると
耳の下が時々じゅわっと痛む…
恋をしたときの
心臓をぎゅうと締めつけられる
あの感じにちょびっと似てる
嬉しさの奥には
いつだってほんのちょっぴりの
痛みがあるの

あら
まあ、
うふふ
おとうさんには
ナイショにしとくから
安心してね 的な
表情の母
肉まん
くれっハッハッ

ぺろりん目玉焼きパン

「卵」のことになると、私はちょっと面倒くさい人になる。一番好きな食べ方はゆで卵だ。小さな片手鍋に卵を入れて、沸騰したお湯（先に沸かしておくとスムーズ）を注ぎ6分半茹《ゆ》でる。タイマーがピピピと鳴ったらすぐに火から下ろさず、心の中で「いーちーにーいーさーんっ」とじっくり3秒数えてから火を止める。6分半ジャストだとちょっとトロトロすぎで、6分40秒だと固すぎる。私好みのとろり半熟ゆで卵を作るには、このタイミングがベストなのだ。

スクランブルエッグの場合は、ケチャップをかけたりするのはあまり好きではないので、しっかりめに塩コショウをしておく。白身がとろんと残らないよう菜箸でしっかりとかきまぜて、少し多めの油をひき、熱したフライパンで一気に焼く。焼きすぎは厳禁。火の通りすぎたポロポロのスクランブルエッグほどロマンのないものはない。じゅわっとフライパンに躍り出た卵液が固体になろうとしたその瞬間に火を止め、すかさずお皿へ。その間、時間にしたら10秒ぐらいだろうか。とにかく手早く、一気に加熱。これが重要。

一方目玉焼きは、実は子供の頃はあまり好きではなかった。朝ごはんに目玉焼きが出てくるたび、憂鬱な気持ちでお醬油をちょろりとかけ、黄身だけポコッと取り出して食べる。「白身も食べなさい」と母に言われ、クレーターのようにぽっかり穴の空いた白身を、への字口ではむはむと食べていた。しかし、大人になった私は気づいたのだ。母の作る目玉焼きが明らかに〝焼きすぎ〟だったということを。絶妙な火加減で焼き上げられた目玉焼きの、なんと美味いことか。とろりと流れ出る黄身を白身にからめて食べる、これこそ目玉焼きの醍醐味《だいごみ》だと、私はひとり暮らしを始めてようやく知った。

私は一気に目玉焼きの虜《とりこ》になった。テフロンのフライパンだと失敗せず焼けるけど、やっぱり鉄のフライパンがよい。大袈裟《おおげさ》かもしれないけれど、なんだか焼き目に陰影ができてドラマチックになる気がするのだ。私は取り憑《つ》かれたように目玉焼きを焼き続けた。黄身に膜が張った目玉焼きは色気がない気がするので、絶対に蓋はしない。白身が焦げ付かず、なおかつ黄身に程よく火が入る絶妙な火加減が大切だ。鍛錬の結果、私はとろりドラマチックな目玉焼きを完璧に焼き上げる技を身につけた。この腕前、是非とも誰かに披露したい！そんな風に思っていたとき、友人の結婚パーティーで軽食を一品担当することになり、「これはチャンス！」と目玉焼きパンを振る舞うことにした。

ペリカンの食パンと、業務用のバター、そして卵を大量に買い込んで準備は万端。会場で準備をしながらふと、「結婚パーティーに目玉焼きって、もしかして地味？」と不安がよぎったけれど、パーティーが始まってみれば、「目玉焼きパンひとつ！」「こっちにも！」と、オーダー殺到の大繁盛。脇目《わきめ》も振らずどんどん焼いて、どんどこ振る舞った。究極の目玉焼きが、むしゃむしゃパクパクあっという間に人々の胃袋に消えていく。華やかに着飾った男女が口の端に黄身を付けながら目玉焼きパンを頬張っている光景の、なんとドラマチックなことだろうと、目玉焼き職人はひとり悦に入るのであった。

【ぺろりん目玉焼きパン】

ゆでたまごが一番!!
次はスクランブルエッグ
目玉焼きは、ふつう
だけど、こんがりトーストに
ぺろんとのせたとたん
一等賞の食べ物になる
食べると勇気がわいてきて
冒険の旅に出たくなる

卵が新鮮だと
白身がだらりと広がらない☆
しょぼ〜〜ん
ハムとかベーコンは
ない方が潔くてスキなの
はむっ
ぺろ〜ん
トーストの表面の
さくさく☆が
しっとりしちゃうのが
ちょっぴり切ない
けどね…

ゾクゾク豚汁

インフルエンザにかかってしまった。はじまりは新年早々の地方出張の帰路だった。新幹線の中で異常な寒気を感じ、「これは確実に熱があるぞ」と確信、ふらふらと帰宅し熱を測ると38度超え。子供の頃だったら「学校休める！　お母さん優しくなる！　ひゃっほう！」となるところだけど、私はもうオトナ。そんな暢気《のんき》は許されない。「ただの風邪でありますように」と願いながら一晩眠り、次の日行きつけの内科へ。「バッチリ、インフルA型です」と告げられ嘆息した私は、最速でインフルエンザを退治してやると静かに決意した。

この戦いの最重要項目は〝食事〟だ。私は病気になっても食欲が落ちることがあまりなく、このときも食欲だけはしっかりあった。食材は運よくだいたい揃っている。まだ動くことができる今が勝負。家に帰った私は、モーレツな勢いで戦闘、ではなく調理態勢に入った。家にある一番大きなお鍋と二番目に大きなお鍋にたっぷり水を張り、切った野菜を片っ端から入れていく。大根、人参、ごぼう、ねぎ。たまねぎは、いつもはあまり入れないのだけど、殺菌・抗菌効果があるから入れておこう。出汁は野菜からたっぷり出るので入れない。「ぐつぐつぐつぐつ」野菜が煮えていく音を聞きながら、リビングに敷いた布団にどさり倒れ込む（寝室が寒いので寝床を移動。リビングが大変な有様になるけど、この非常事態っぽい雰囲気は嫌いじゃない）。ストーブの上のやかんから立ち上る湯気と、美味しそうな湯気が部屋の中に充満して、なんだかちょっと元気が出てくる。

さて、野菜が煮えたら豚肉を入れ、味噌を溶かし、味を整えたら「戦う豚汁」の完成！　もうひとつのお鍋は、ひとまずお味噌もお肉も入れず冷蔵庫で待機。部屋の中でダウンを着て、首にタオルを巻き、ほかほかの豚汁をすする。「たまねぎって、こんなに甘かったっけ」。何だかいつもより舌が敏感になっているのか、野菜ひとつひとつの旨味が体中に染み渡り、「ぬはあ～」と変な声が漏れる。汗をかきながら一心不乱にバクバク食べ、ごくごくと一滴残らず飲み干す。「ありがとう、みんな」と、からっぽのお椀に向かってお礼を言い、布団に潜《もぐ》り込んだ私は一気に眠りに落ちた。

豚汁がなくなったら、もうひとつのお鍋にごま油で炒めた鶏肉を入れて、お酒とお醤油で味付けして「戦うけんちん汁」を作る。ふたつのお鍋がからっぽになる頃には、私は完全に復活を遂げているに違いない。あのときふらふらの体で台所に立った自分を、褒めたたえたい気分なのだった。

【ゾクゾク豚汁】

真っ赤な顔して
ダダダダダッと
野菜を刻む
もくもく湯気の中に
消えそうになりながら
命がけで作る豚汁は
どんなに優れたお椀より
生命力が溢れてる

コポコポ白湯

私はいつだって白湯《さゆ》が飲みたい。白湯をペットボトルに入れて売ってくれたらいいのにと、わりと真剣に考えている。他の飲み物を飲まないわけではないけれど、コーヒーやお茶は体調によってあまり体に馴染まないときがある。だけど白湯は、こちらがどんな状態であってもいつだって仏のように穏やかで優しく体に馴染む。淡々と〝温かい水分を体内に届ける〟ということだけを成し遂げてくれる、その変わらなさが頼もしい。

朝起きたらやかんで湯を沸かし、ゆっくり時間をかけて白湯を一杯飲む。朝食のお供にも白湯。仕事先でも基本白湯。撮影現場にはたいていふたつのポットが常備されていて、ひとつはコーヒー、もうひとつはお茶用のお湯なのだけど、私は速やかに紙コップにコポポポポとお湯だけを注ぐ。心優しいスタッフの方が「ティーバッグありますよ」と勧めてくれるのに対し、「あ、白湯でいいんです」と断るのが、いつもなんだか申し訳ないので、なるべくこっそり飲む。外食先でもできれば白湯が飲みたいが、「お水ください」は平気で言えても、「白湯ください」は図々しい気がして言えない。メニューに白湯があったらいいのにな、なんてことを思いながらとぼとぼ帰宅し、白湯を飲んでベッドに入る。白湯に始まり、白湯で終わる。そんな日々。

「白湯って体にいいんですか？」と聞かれるたび、〝白湯を好む＝禅の境地に達したひと〟みたいに思われているんじゃなかろうかと、ちょっと恥ずかしくなるけれど、そもそも白湯に効果を期待するのはナンセンスなのだ。白湯は、それ以上でもそれ以下でもなく、平々坦々に、ただ白湯であってくれれば、それでいい。そう思っていた私は、先日衝撃の白湯に出会った。

あれは冬の終わり。地方出張最終日の朝だった。行きたかった喫茶店の開店時間と新幹線の時間がほぼ同じであることに気づきショックを受けた私は、せめて外観だけでもと早めにホテルを出た。喫茶店に到着して中を覗くと、なんともう営業している！　地方のお店の営業時間はきまぐれなのだ。「コーヒー1杯なら急げば間に合うかも」と瞬時に判断した私は、大きな荷物を抱えいそいそとお店に駆け込んだ。席につき息を整える私の前に、お店のお姉さんがトンと置いたのは、白い湯気が立ち上った白湯だった。喫茶店でお冷《ひや》ではなく白湯が出てきたことに感動しながら、ひと呼吸おいて静かに頂く。急《せ》いた心がみるみる凪《な》いでいく。すっかり癒された私は、「もう乗り遅れてもいいや」と開き直り、悠長にモーニングセットを頂いた。あんなにゆっくり過ごしたはずなのに、不思議と新幹線にはぴたりと間に合った。湯気越しに見た喫茶店のお姉さんの笑顔がぼんやり浮かぶ。なんだか白湯の魔法にかけられたような気分なのだった。

【コポコポ白湯】

無色透明のアナタ
いつでもどんな時でも
ただひたすらに淡々と
ぬくもりを届けてくれる
白湯《アナタ》のような人に
わたしはなりたい

パラパラ献立

楽しいことは、あらかじめ知っておきたいタイプだ。何かと事前に知りたがる私に、まわりの人々は「あとからのお楽しみだよ」と言うけれど、私は知らないでワクワクするより、知ってワクワクしたいのだ。

小学生の頃、毎月1日になると給食の献立表が配られた。1枚は教室の片隅に貼られ、各自に配られたものはみな自宅に持ち帰り、冷蔵庫の扉なんかに貼っていたのだと思う。しかし私は献立表を家に持ち帰ったことは一度もなかった。献立表を手にした私は、すぐさまマス目に沿っててぃねいに切り出し、日付順に並べてホッチキスで留め、〝マイ献立帖〟をこしらえた。手の中にスッポリ収まった〝近い未来の幸せの束〟を眺めながら、私は幸せを感じていた。

この暗記カードのような佇まいの〝献立帖〟を、小学校低学年の頃から中学を卒業するまで、つまり給食がなくなるまで作り続けた。私のポケットには、リップクリームでも鏡でも暗記カードでもなく、いつも献立帖が入っていた。

私のポケットに〝献立帖〟が入っていることをクラスメイトは知っていたので、みんな教室に貼られた表を見るよりも先に、「あきちゃん、今日の給食なに？」と聞いてくるようになった。ランチルームに着いて初めてメニューを知る楽しさもあるだろうけど、私は「今日はシチューだ」とはっきり自覚した上で、イメージを膨らませながら給食までの時間をワクワク過ごしたかった。私は先の幸せを想像し反芻《はんすう》して、その幸せを何倍にも膨らませるという技を持っていた。

給食がものすごく好きだったわけではない。もちろん好きは好きだけど、待っている間のワクワクに比べたら、本番は落ち着いたものだ。むしろ始まってしまうと、「食べたら終わってしまう」という一抹の悲しさをどこかで感じていた。やっぱり私は待っている時間のほうが楽しめる性分なのだ。

この性分は今でも変わっていない。さしあたり今私が手にしている〝近い未来のワクワク〟と言えば、〝次の連休に母が東京に来ること〟だ。そのことが決まって以来、母は毎日メールを寄越す。「おかあさん、〇時くらいに品川に着くからね」「ねえねえ、あそこのカッフェに、また行ける？」「（写真が添付され）この服を着ていこうと思うんだけど、どうかな？」「連載のお仕事は、終わった？」。母はきっと、カレンダーにくっきりとマルを書き、毎日〝そのこと〟を想像してワクワクを募らせているのだろう。やっぱり親子だな、と思う。母が東京に来たら来たでもちろん楽しいのだけど、やはりどこかで刻一刻と近づく終わりの時間を想像して寂しくなってしまう。最後の夜になると、母は決まって「あーあ、もう終わっちゃう。明日っからまた仕事がんばらなきゃ」と呟く。オトナになって給食もなくなって、そうそう毎日〝ワクワク〟なことなんてないけれど、だからこそときどきやってくる〝ソフトめん〟な一日を楽しみに、毎日がんばろうって思うのだ。

【パラパラ献立】

ポケットの中の献立帖を
何度も何度もパラパラめくり
近い未来のシアワセを
ニンマリじっくり噛み締める
知らないシアワセもあるけれど
知ってることをワクワクしながら
待つシアワセって
あると思うんだ

香ばしみだらし

ポカポカ陽気のお祭りシーズンがやってきた。お祭りと言えば「みたらし団子」だ。みたらし団子と聞いてほとんどの人々がイメージするのは、白玉大ほどのお団子が3つ串に刺さった、とろりとした甘辛いたれが掛かったものだと思う。しかしこの手の「みたらし団子」を見かけるたび、私は「なんか違う！これじゃない‼」と違和感を覚えていた。私の思う「みたらし団子」とは、まず第一に小さめの団子が5つ。それを火で炙《あぶ》り、醬油にくぐらせ再び炙って焦げ目をつけたもの。重要なのは〝ノットとろみ、バット香ばしさ！〟なのである。とろんとした甘い味ではなく、醬油の香ばしい味が私の思う「みたらし団子」なのだ。パッと見は似ているけれど味が全く違う。この違いはもしや地域性によるものなのだろうかと思って調べてみたところ、私のイメージする「みたらし団子」は飛騨高山発祥のもので、正しくは「みだらし団子」と言うことが判明した。「これじゃない！」もなにも、そもそも全く別の食べ物なのだから、違うのも当然なのだった。

毎年5月の連休になると、家の近所で農協祭りが開催された。そこで売られる「みだらし団子」は祖母の大好物だった。祖母は足が悪かったのでお祭りに出かけるなんてことはなかったけれど、一度も行ったことがないにもかかわらず、毎年このお祭りを楽しみにしていた。お祭りの日の朝。バーンと花火が上がると、祖母は「これでおだんご買ってきてちょうだい。おつりで好きなもの買っていいからね」と言って500円を握らせてくれた。みだらし団子は1本80円。500円は底なしの大金に思えた。無敵になった私は、綿菓子を食べ、ポンハゼに悲鳴を上げ、大きなトランポリンの中で時間を忘れて飛び跳ねた。狂ったように転げ回り、ポケットから小銭をばらまいてようやく我に返った私は、慌てて小銭を拾い集めて「みだらし団子」を買いに走った。結局おだんごは2本しか買えなかった。仄《ほの》かな胸の痛みを感じつつ帰ろうとした矢先、ドンドンドンドンと太鼓が鳴った。餅まきが始まったのだ。私はおだんごの包みを小脇に抱え、夢中でお餅を追いかけた。いつも優しい近所のおばちゃんたちが血相を変えて餅を追いかけているけれど、こちらも負けてはいられなかった。勝ち取った袋いっぱいのお餅を抱え、ダッシュで家に帰る。「飛んでくるお餅よりもね、地面に落ちたお餅を狙ったほうがいいんだよ!」と得意気に語る私の話を、おばあちゃんは嬉しそうに聞いていた。すっかり冷めて固くなったお団子を「美味しい美味しい」と言って食べるおばあちゃんの気持ちに、今さらながら気づくのだった。

【香ばしみだらし】

おまつりの季節になると
かならず思いだす
香ばしいおしょうゆ味の
みだらし団子
500円玉ひとつで
何本買えるのか
今ならちゃんと
計算できるのに

にっこり😊チーズ

「わたしねー、チーズだいすきなの」

チーズを食べると、私は必ず彼女のことを思い出す。子供みたいに嬉しそうにチーズを食べるあの子の笑顔。

Aちゃんは、モデルの仕事をやるようになって初めてできた友だちだ。同じ事務所で同い年、さらに同じオーディションに行くことも多く、私たちは自然と仲良くなった。当時私は、東京の雰囲気になかなか馴染めず、「私の居場所はここじゃない。仕事のために東京《ここ》にいるだけだ」と自分に言い聞かせていた。そのためモデルの友だちはなかなかできなかったけど、なぜだかAちゃんとは地元の友だちみたいに緊張せずに居られた。普通、同じ仕事をしていたら少なからず相手の仕事が気になるし、ライバル心を持ったりすることもあると思うのだけど、Aちゃんとの間には不思議とそういう感情は1ミリもなく、彼女は私の仕事を自分のことみたいに喜んでくれたし、私も彼女の仕事を見るのがとても楽しみだった。

「あっきー（当時私はこう呼ばれていた）、カフェ寄っていこうよ」とAちゃんに誘われて、オーディションの帰り道によくカフェに行った。ふたりとものんびりマイペースで、ペラペラしゃべるほうではなかったけれど、私たちはごはんを食べながら、仕事のこと、将来のことから、恋のことまで、いつも何時間もおしゃべりした。Aちゃんはヤセの大食いで、にこにこパクパクよく食べた。リゾットにカルボナーラにグラタン。彼女は決まってチーズたっぷりのメニューを注文し、嬉しそうに頬張りながら、「わたし、チーズだいすきなんだあ」と満面の笑みで私に言う。「うん、それいつも言うよね。知ってるよ」と呆れながらも、つられて私も笑顔になってしまうのだった。

その後、私は事務所を移籍し、Aちゃんは夢だと言っていた看護師になるために専門学校へ進学した。モデルをしているAちゃんを見られないのは寂しかったけど、看護師はAちゃんにぴったりの職業だと思った。メールで連絡は取り合っていたものの、会う機会は少しずつ減っていき、そうして数年経った頃、Aちゃんが病気で亡くなったと知った。あまりにも突然のことだった。

気がつけば、私はいつの間にかAちゃんに負けないくらいチーズが好きになっていた。あれからもう10年以上経つけれど、私はいまだにチーズを食べるとAちゃんの笑顔を思い出す。目を細め、唇をピカピカに光らせて、大きな口で、にーと笑った顔。チーズを食べた私は、きっとおんなじ顔をしている。

【にっこり☺チーズ】

口にした瞬間
美味しくて嬉しくて
にっこり笑顔が止まらない
にょーんと伸びるチーズを
よいしょ よいしょと
追いかけながら
大好きだった あの子の
笑顔を思い出す

あっきー！
わたしねえ
チーズ
だーいすき
なんだ♫
うん
よかったねえ

ズビズバうどん

私は今、深夜のファミレスでひとりうどんを食べている。なぜならば、今私はハロプロ（ハロー！プロジェクト）のコンサート帰りだからだ。「ハロコン帰りにうどん」、これはハロプロ好きならば誰もが共感する行動だ。℃-ute の『Danceでバコーン！』という楽曲の、♪帰りにうどん食べてくわ　明日が待ってるもん♪という歌詞がその所以《ゆえん》なのだけど、この楽曲、恐ろしく心に染みる名曲なのだ。ポップなダンスチューンに潜む、葛藤しながらも前向きに生きる乙女心に触れると、明日へのパワーがムクムクと湧いてくる。ハロプロのコンサート帰りはもちろん、仕事で疲れたとき、心折れそうなとき、それでも明日もがんばるぞってとき、私はいつもこの歌を口ずさみながらうどんを食べて帰るのだった。

つんく♂さんの書く歌詞には、〝食べ物〟や〝食べる〟というキーワードが多く登場する。♪モーニングコーヒー飲もうよ　二人で♪（『モーニングコーヒー』モーニング娘。）や、♪投票行って　外食するんだ♪（『ザ☆ピ～ス！』モーニング娘。）、♪お昼休み　スープパスタに感動♪（『乙女　パスタに感動』タンポポ）など、食べ物が出てくる曲というのは、なぜだか自然と口ずさんでしまう。そうして「ぐう」とお腹が鳴って、気づけば前向きな気持ちになっている。これは食いしん坊な乙女に限らず人類すべてに共通することだと思うのだけど、頭を悩ませることのほとんどは、ひとまずお腹が満たされれば自然と心持ちが快方へ向かうのではなかろうか。しかし、こんな曲もある。♪今日も甘いアイスで癒され　あすも甘い映画でごまかし　また寂しい月曜　朝が来る♪（『気まぐれプリンセス』モーニング娘。）なんと鋭く辛辣《しんらつ》な歌詞だろうと思いながら、深夜に冷蔵庫を開けアイスを食べる私。乙女たちは、本当はわかっている。いくらお腹が満たされても、どうやっても心が満たされないことがある。それが現実だってことを。だけどそれでもいいのだ。腹が減るのは、生きている証。モーニング娘。の『涙ッチ』という曲のサビで♪泣いて 笑って…♪というフレーズのあとに続く歌詞が「恋をして」などの類いではなく、「たくさん食べて」であることに私はぐっときてしまう。これぞつんく♂イズム。食べて解決しなくとも、ぐうとお腹が減るなら大丈夫。明日からきっとがんばれる。つんく♂さんの書く〝食べソング〟はすなわち、人間らしい愛に溢れた人生讃歌だ。

今日のコンサートに一緒に行った友人たちと、本当は終演後にごはんを食べる予定だった。だけど働く女子たちは皆、残してきた仕事を片付けに職場へ戻らねばならなかった。きっとみんなそれぞれモーレツな勢いでうどんをすすっているに違いない。ようし、明日もがんばるぞっと。

【ズビズバうどん】

泣いたり笑ったり
怒ったり喜んだり
私たちの毎日は
なんだかとっても忙しい
今日も 明日も あさっても
いろいろあるのが人生だ
とりあえずうどん食べて帰ろ
ハラがへるなら大丈夫

おとしごろカレー

編集部で打合せをしていたときのこと。目の前に座っていた編集の女の子がノートを取りだそうとカバンを開けた瞬間、むわあんとスパイスの香りが漂ってきた。「なんかカレーの匂いしない？」「あ、ごめんごめん、さっき買ってきたんだ」そう言って彼女は大量のスパイスをドサドサと机の上に並べた。編集部が一瞬でインドみたいな香りに包まれた（インドに行ったことはないけれど）。

ここ最近の巷《ちまた》のカレーブームに、私はなんだか戸惑いを隠せない。とにかくみんな〝カレーカレーうるさい〟のだ。もちろん私もカレーは大好きだけど、なんでそんなに？　っていうぐらい、みんな好きすぎる。うまく言えないのだけど、カレーをコーヒーに置き換えても同じことが言えるかもしれない。どの街に行っても遭遇する洒落たコーヒースタンドを見るたび、「ここはブルックリンじゃないんだよ！　ニッポンなんだよ！」と叫びたくなる。もちろん実際に叫んだりはしないかわりに、私は頑《かたくな》に喫茶店でコーヒーを飲む。そうは言っても洒落たコーヒー屋さんのコーヒーは大抵美味しいので、ひとたび飲んでみれば「うん、まあ、わるくないね」などと口ごもってしまうのだけど。

私のまわりにいる感度が高い女子（特に編集さんやライターさん）たちは、みんなもれなくカレーが好きだ。しかも、いわゆる欧風カレーではなく、インドやネパールなどの〝アジア〟のカレー。編集部でスパイスの香りをこれでもかと嗅ぎ、まんまと〝カレー食べたい欲〟が高まってしまった私は、小さな反抗心を胸に欧風カレーのお店に入った。魔王が出てくるランプみたいな入れ物からカレーをとろーりごはんにかける。一口食べた瞬間、辛さと甘さのハーモニーが口中に広がっていく。「うん。カレーはやっぱりこうでなきゃ」と嬉しくなって、私は勢いよくバクバク食べる。しかし半分ぐらい食べたところで雲行きが怪しくなってきた。「く、くるしい……」、ふーっと大きく息を吐きながら、カレーと格闘。ぐったりしながら私は気づいてしまった。バターと小麦粉を使った濃厚なルウは、三十路女子の胃袋には〝重い〟のだ。ところがアジアのカレーは、どれだけスパイスのパンチが効いていようと、重いということはない。不思議と体が疲れず、食べ終わる頃にはむしろ体の内側から元気になっている。働く女子が〝アジアのカレー〟を求めるのはなぜなのか。その本当の理由に想いを馳せたら、カレー屋の行列もなんだか愛おしく思えてくるのだった。

【おとしごろカレー】

ブームなんて関係ないの
ふと気がついたら
私のカラダが求めてる
ピリリと刺激
パクパク食べるほど
なぜだか元気になっていき
ごちそうさまの頃には
体中が癒されている

えこひいきせんべい

ひとつの袋の中に、いろんな味の小さなおかきやおせんべいが入ってるやつ。なんていう名前なのかわからないけれど、あの〝いろいろミックス〟がとても好きだ。作業をしていると〝甘いもの〟の差し入れを頂くことがとても多く、疲れた体に糖分が染み渡り「ほうっ」と幸せな気分になるのは間違いないのだけど、そんな中で前述のような〝しょっぱい系〟のおやつをひょいと差し入れてくれる人が現れると、「お！　わかってらっしゃる」と嬉しくなる。作業の疲れには〝甘いもの〟が効くけれど、作業のお供にはポリポリ系の〝しょっぱいもの〟が案外しっくりくる。

〝いろいろミックス〟のラインナップは、製造元によって多種多様だ。醤油、のり巻き、ざらめ、わさび、えび、いりこなど、あらゆるジャンルがミックスされたものが主流だけど、私は海鮮もののおせんべいだけをギュッと詰め込んだ〝海鮮ミックス〟的なものが大好物だ。えび、たこ、イカ、カニ、のり、ワカメなどなど。盆と正月が一度にやってきたようなめでたさがある。実際、こういう〝海鮮ミックス〟的なおせんべいは少々お高くて、日々のおやつにするにはちょいと贅沢すぎる。だから締切に追われて本当に大変なとき、自分を励ましつつ作業の効率アップをはかるために買うことが多い。

お米系のおかきよりも海鮮系が好きだけど、さらにその中でも好みがある。作業をしながらポリポリ系を食べる場合、袋の中身を確認せずにひょいひょいと手だけ動かして口に運ぶことが多いのだけど、〝海鮮ミックス〟の場合はそうはいかない。私は数ある海鮮系のなかでも〝たこ〟をえこひいきしてしまう傾向がある。食べ物として〝たこ〟が好物なのかと聞かれたら、そんなことはないのだけど、おせんべいになった〝たこ〟には目がないのだ。〝たこせん〟は、味付けが他と違ってほんのり甘じょっぱくて、他の海鮮たちとは一線を画している。塩系のしょっぱさの中で、みりんの風味を感じる甘じょっぱさは、ひと際輝いて見える。そのため無意識に〝たこせん〟ばかり選んでしまい、まだ袋におせんべいはたくさん残っているのに、気がついたら〝たこせんべい〟は1枚も残っていないという状況に必ず陥る。〝たこせんべい〟不在の〝海鮮ミックス〟は輝きが激減し、食べるペースも一気に遅くなるのだった。だったら始めから〝たこせん〟単体を買えばいいじゃないかと思うのだけど、たくさんの海鮮たちの中から選び出して食べるからこそ美味しいのだから、仕方ない。

そんなわけで、今も私の目の前には〝たこせん〟不在の〝海鮮ミックス〟がうらめしそうにこちらを見ている。選ばれなかった他の海鮮たちに言い訳をするように、残りのおせんべいをせっせと口に運ぶのだった。

【えこひいき せんべい】

ガサゴソ漁って
ごひいきのあの子 見つけ出す
「そんなところにいたのね」と
ニヤニヤデレデレする私を
うらめしそうに眺める彼ら
「君たちだって素敵だよ」と
言い訳しながら
いなくなった あの子を想う

ぽろぽろしゃぶしゃぶ

私は非常事態に陥っていた。何が〝非常〟なのかって、それはズバリ〝食欲〟だった。食いしん坊の私が、〝食欲不振〟だなんて。これはもう完全に非常事態だ。「どんなに辛くてもお腹は減る、食欲は元気のバロメーター！」と常々思っている私は、自分のかつてないほどの食欲のなさに戸惑いを隠せなかった。忙しさ、時間のなさ、心の奥の心配事……。体重は少しずつ減っていくのに、アタマもカラダも何だか重たい。これはマズイぞ。そう思った私は、友だちに「ごはん食べよー」と電話していた。オナゴが友だちに「ごはん食べよう」と誘うとき、その言葉の向こうには、「話したいよー」という気持ちが隠れているってことをオナゴは全員知っている。

私の声のトーンで〝非常事態〟を察知した友だちは、①ごはんを作って持っていくよ②簡単なもの作るから食べにおいで、のどちらか選びなーと言ってくれた。ごはんを一緒に食べたいけれど、外食するのはちょっと憂鬱だったので、この提案はとても嬉しかった。なんとなく家にいたくなかったので、②でお願いすることに。「友だちに会える」と思っただけで、ぐったり重かったカラダが少しだけ軽くなる。溜まっていた仕事をゴゴゴーーーッと終わらせて、友だちの家へと急ぐ。電車を降りると、改札の向こうでこちらに向かって手を振る友だちの姿が見えた。

用意してくれていたのは「しゃぶしゃぶ」だった。どっさりの豚肉と山盛りの野菜。ザクザク切っただけのはりきらない簡単ごはんが、今はとてもありがたい。手の込んだ料理って、元気なときはいいけれど、弱っているときだとちょっぴり疲れる。簡単しゃぶしゃぶは、私に気を遣わせないための彼女の優しい気遣いだ。「なんもしなくていいから、座りなー」と言われ席につく。ぐつぐつぐつぐつ、鍋の音が響く。いつの間にか私のお碗《わん》にはたくさんのお肉と野菜がよそわれていた。はふはふしながら一口食べた瞬間、ふーっと安堵の息が漏れた。久しぶりに食べ物をちゃんと味わったような気がした。あんなに話したかったのに、何をどうやって言葉にしたらいいかわからず、私はとにかく食べた。もぐもぐ、ごくんと飲み込んで、ふーっと息を吸って言葉を出そうとするのだけど、言葉の代わりに涙がぽろぽろこぼれるばかり。涙と一緒にひとつふたつとゆっくり言葉を吐き出しながら、私はひたすら食べ続けた。食べても食べても私のお碗は常に野菜とお肉が山盛りになっていて、私に食べさせようと必死な友だちの優しさに、また涙が出た。

胃袋がからっぽでも、心がぱつんぱつんだとごはんが食べられない。だけど、美味しいごはんがぱつぱつの心をほぐしてくれることもある。心と胃袋の関係は、なかなかむつかしい。ひとまず私は、しゃぶしゃぶと友だちの優しさによって、一命をとりとめたのだった。

【ぽろぽろしゃぶしゃぶ】

はふはふしながら
せっせと食べる
お肉も野菜も
どんどん食べる
もくもく湯気が目にしみて
ぽろぽろ涙が止まらない
涙のぶんだけしっかり食べたら
おなかも心も　ぽんぽんだ

とぅるとぅる雲呑

私は今、ワンタンに夢中だ。数ヶ月前のこと。とある中華屋さんでワンタンを食べた。最後に食べたのいつだっけ、というくらい久しぶりだった。ワンタンって、〝普段忘れているけど食べたら美味しいものランキング〟のかなり上位にいる気がする。ＬＩＮＥの絵文字にもあるぐらいの知名度なのに、〝好きな食べ物〟として滅多に名前が挙がらない不憫《ふびん》な子。ふうふうしながら、スープと共に〝とぅるん〟と流し込む。目を見張るような美味しさというよりも、そっと目を瞑《つむ》った瞬間天まで昇ってしまいそうな、そんな美味しさだ。ふわんふわんと体が浮かび、手を伸ばせば雲に届きそうな気分……あ、だから雲を呑むって書くのかな。スープの中でゆらゆら揺らめく天女の羽衣のようなワンタンをとぅるんと呑みながら、「ああ私、あなたが大好きよ」としみじみ思い、

「こんなに愛おしいのに、すっかり忘れていてごめんね」と謝罪。そんな風に〝忘れていたけど好きなもの〟を思い出すことがよくあるので、私の〝好きな食べ物ランキング〟は日々変動し続けているのだけど、常に上のほうを漂っているのが〝湯葉〟と〝きくらげ〟で、このたび〝ワンタン〟が急浮上したことにより確信した。私は、ふにゃふにゃとぅるとぅるした薄っぺらい食べ物が好きなのだ。

ワンタンの魅力を思い出した私は、外出先でも家でも貪欲にワンタンを求めた。触れるたび「あ〜〜」ととろけながら私はハッとした。「私、この感触知っている…それもかなり昔から……」。そう、ワンタンは私の〝だいすきなふとん〟と同じ感触なのだ。〝だいすきなふとん〟というのは、生まれたときから一緒に寝ている赤ちゃん用のキルティング布団のことだ。〝だいすきな〟は〝ふとん〟にかかる形容詞ではなく、あくまで〝だいすきなふとん〟で一語。何度も洗われ、ぺらっぺらのとぅるっとぅるになった〝だいすきなふとん〟。母の二の腕の内側の皮膚と同じくらい薄くて柔らかくてすべすべで、〝だいすきなふとん〃を頬につけないと私は安心して眠れなかった。告白すると、〃だいすきなふとん〃は今も実家にあり、帰省すると未だに枕に敷いて寝ている。「そんなん持ってお嫁に行ったら、旦那さんに嫌われるよ」とずっと脅かされていたので、ひとり暮らしをするタイミングで離れる決意をしたのだけど、実家に電話をするたび「私の〃だいすきなふとん〃、捨ててないでしょうね」と生存を確認し続けて今に至る。

なくても生きていけるけど、愛おしくて手離せないものが誰にでもきっとある。ワンタンによって掘り起こされた私の秘密の宝物は、今頃どうしているだろうか。思い出した途端、会いたくて抱きしめたくてたまらなくなる。と同時にこみ上げてくるどうしようもない恥ずかしさを、ワンタンと一緒にとぅるんと飲み込んだ。

【とぅるとぅる雲呑】

長い間忘れていてごめんね
私はあなたが大好きだった
ぺらぺらに薄くて柔らかくって
今にもやぶれてしまいそうな
愛おしいあなたの感触を
目をつむって静かに味わう
誰になんと言われようと
私はあなたが大好きなんだ

ほかほか湯気

わが家には、〝ほかほか神話〟なるものが存在する。「あったかいものは、あったかいうちに」「ほかほかは何よりのごちそう」と信じて疑わず、多少調理に失敗しても、ほかほかなら問題ないと思っているフシがある。

〝ほかほか神話〟の伝道者は母だ。うどんが大好きだった幼い私に、「冷めるまで待ちなさい」とは決して言わず、「ふうふうして食べなさい」と積極的にほかほかに挑むことを教えてくれた。おかげで私は完璧な〝犬舌〟だ。みんなが食卓についてからあつあつの味噌汁をよそい、ハンバーグを焼くために席を立ち、おかわりのため再び温め直す母。幼い頃、私はこれが嫌で、「もー落ち着かないから、お母さん座ってよ」と文句を垂れていた。「あったかいうち」というのはつまり、「一番美味しいとき」ということで、母はとにかく一番美味しいものを家族に食べて欲しかったのだと、今ならわかる。

結婚して人に料理を作るようになって真っ先に思い出したのが、あの頃の母の気持ちだ。私たち夫婦は揃って不規則な仕事をしているため、夕飯を一緒に食べることが難しく、朝ごはんはなるべく一緒に食べるようにしている。メニューは至ってシンプルで、卵料理にトーストにコーヒーか、ごはんに味噌汁が基本。フライパンを熱して、お湯を沸かし、卵を落として、ウインナーを転がし、トーストをセット、豆を挽き、コーヒーを落としながらお皿を用意、パンにバターを塗り、料理をお皿にのせて食卓へ。できたてほかほかで食卓に出したいので、すべての料理が同じタイミングでできあがるよう、てきぱき動く。

しかしここで問題なのは、夫が〝ほかほか〟に協力的ではないということだ。「ごはんできたよー」と起こしてもすぐに起きるなんてことはまずなくて、「すぐ起きるから」と再び布団の中に潜り込んでしまう。夜遅くまで働いているわけだし、目が覚めてしばらくはベッドでまどろみたいという気持ちを尊重したいけれど、ほかほかの湯気が目の前でどんどん薄くなっていくのを眺めているのは、やはり悲しい。そんなわけで、最近は一度起こした後、まどろみ時間を考慮して料理を仕上げるようにしている。ほかほか湯気と同時に、ぼさぼさ頭のひとが「おはよ〜」と席につく。タイミングバッチリだと最高に嬉しい。

ところが最近、形勢が逆転している。要因は私の入稿による忙しさとフライパンだ。新調したまま放置していた大きな鉄のフライパンに突然興味を持った夫が、忙しい私に代わって料理を始めたのだ。とにかくフライパンが使いたいらしく、「夕食は俺が作る」と言い出した。どっさり食材を抱えて帰宅しては、じゅうじゅうやっている深夜のしゃかりきな料理人を、ソファに寝そべったまま眺める私。いつの間にか寝落ちしてしまい、「できたよ〜、起きて〜」と叩き起こされる。食卓にはほかほかの料理がずらり。私は食事の前に必ずトイレに行く習性があるのだけど、夫はトイレの中の私に向かって「もう〜！　冷めちゃうよ〜！」と叫んでいる。ようやく席についた私は、いじわるな顔で「私の気持ち、わかったでしょ。ほかほか、食べて欲しいでしょ」と言い放った。夫は悔しそうな顔で「うん」と答えた。

【ほかほか湯気】

「ほら、冷めちゃうから
早く席着いて!!」って
それ、いつも私が
言ってるセリフだよ
出来たて ほかほかを
食べてほしいこの気持ち
ようやくわかってくれたかしら

ニガテへのトキメキ

「もしも食わず嫌い王決定戦に出ることになったら」という会話、誰もが一度はしたことがあると思う。だけど私は、その話題が出るたび困ってしまう。私には、嫌いな食べ物がない。前に書いたじゃがいもは、率先して食べたいとは思わないけれど、出されれば普通に食べられるので、好きではないが「食わず嫌い」というほどの物でもない。率先して食べたいとは思わない程度の食べ物ならばなくもない。しいて挙げるとしたら、ココアのもわあんとした粉っぽい甘さが少々ニガテだけれど、食わず嫌いのラインナップにココアがあったら、飲み物という時点で違和感がありすぎてバレバレな気がする。他にないかなと考えてみても、「うへえ〜」と顔をゆがめるほど嫌いな食べ物は、さっぱり浮かばない。やはり私は、食わず嫌い王にはなれない運命なのか。

〝好き嫌いがない〟ということにコンプレックスを持ち始めたのは、中学生の頃だ。給食の時間、好き嫌いのない私のお皿には、友人たちのニガテなグリンピースや椎茸などがどしどし集まってきた。頼られるのが嬉しくて、「まかせといて」と得意顔で食べていたのだけど、ある日ふと思ったのだ。出されたものを、何でもにこにこ素直に受け入れるって、なんだかこだわりがなさすぎる? 自意識低すぎてカッコ悪い? 規定の制服やカバンを、何の疑問も持たずそのまま身につけていることが、なんだかダサいのではないかと思い始めていた私は、自分の食に対する姿勢にも疑問を持ち始めた。ニガテな食べ物が多い子はみんな揃ってちょっぴりワルで、制服を規定どおり着なかったり、指定のカバンを使わなかったりと、こだわりを持ったイケてる子が多い気がした。思春期だった私は、好き嫌いなく何でも食べる自分が、急に恥ずかしくなった。

〝嫌いなものが多い=反骨精神がある=なんだかイケてる〟という考えは、思春期のねじれた発想だったわけで、もちろん大人になった今は、好き嫌いなく何でも美味しく頂いているし、何でも食べるほうが人生楽しいに決まっている。そんなことは百も承知だ。にもかかわらず、ニガテな食べ物がある人に遭遇すると、私はいまだにちょっぴり憧れてしまう。

先日、とある現場で出会った女性がまさにそういう人だった。アレルギーではなく、ただ単純にニガテで食べられないものが多いという。何が食べられないのか聞いてみると、アボカド、レーズン、いちじく、トマト、肉類全般（ひき肉は可）と、なんの規則性もないラインナップ。そこがまたなんとも謎で、その場にいた全員が、彼女の〝ニガテ〟の法則を読み解こうと必死になった。

ニガテは弱みであり、弱みはときとして魅力になる。なんでも美味しく頂く単純明快な私は、内面にミステリーを潜ませた食わず嫌いの国の人々に、やっぱり憧れを抱かずにはいられないのだった。

【ニガテへのトキメキ】

なんでもパクパク
好き嫌いなく食べる
そのほうがいいに決まってる
だけどなぜだか憧れてしまう
ほんのり眉をひそめて
「ニガテなの…」
って呟く女子に
トキメク私は変かしら

ずるずるラーメン

寒い冬の朝、ベランダでラーメンを食べたことはありますか。白み始めた空の下で、白い息を吐きながら、ずるずるとラーメンをすする。隣では、かつて好きだったひとが同じくずるずるとラーメンをすすっている。私たちふたりが、これからの人生を一緒に歩んでいくということはどうやらなさそうだ。好きだったけど、なんか違ったんだよ。だけど、今こうやってふたりでハフハフいいながら食べるラーメンは、最高にうまい。少しぐらいのびてたって、うまい。こうやって一緒に何かを食べたり、時間を共有したりすることはもうないけれど、今この瞬間ラーメンがうまいのだから、これが私たちのクライマックスってことで、いいんじゃない？　そう言って、鼻水を垂らしながらラーメンを食べた。

実はこれ、私自身の経験ではなくて、演じた役の中での出来事なのだけど、こういう〝寒い朝ベランダで食べたラーメン〟的な忘れられない味ってのが、誰にでもひとつはあるんじゃないかなあと思う。

34歳会社勤め。趣味が最高に合う仲良しの同僚がいて、ふたりは男女だけど男女ではない。越えない、越えられない曖昧《あいまい》なところにいて、それはとても心地良いけれど、どこかで不安。このままではいられないってことはわかってる。そんなわけで、えいやっと婚活に踏み切り、ひょいと別の男性と結婚を決めてしまう、そんな役柄だった。34歳女子って、本当に絶妙な年齢で、キャッキャッと楽しめる体力はまだまだあるけれど、昔みたいにカラオケフリータイムで遊び続ける無邪気さはもうない。時間は無制限じゃないってことを実感し始めるお年頃。「結婚する」と宣言した途端、ふたりの関係はぐらぐらと揺らぎ始め、ずっと越えなかった一線を越えてしまう。からの、ベランダラーメンだ。ふたりの物語は、どうやったって始まらなかったけれど、この瞬間はものすごく濃い物語が流れている。私は、このシーンの台本を読んだとき、リアルな34歳女子としてみぞみぞと心が震えた。滑稽で切なくて愛おしい、いいシーンだなと思った。常識的にいったら後ろめたい状況なのだろうけど、この瞬間の朝焼けが美しいのも、のびちゃったラーメンが最高に美味しいのも事実で、この味はふたりしか知らない。今この瞬間だけは、ここではない、どこか別の世界にいるような気がしてくる。ふとceroの『Orphans』という曲を思い出した。〝別の世界では2人は姉弟だったのかもね　別の世界がもし砂漠に閉ざされていても大丈夫〟というフレーズが頭の中で流れる。実際、私たちが生きている世界はひとつで、別の世界なんてきっとない。それでも、もし別の世界があったならと、そんなことを考えてしまう瞬間が、かつての私にもあったような気がする。

一生忘れられないと思ったラーメンの味を、いつかふわりと思い出すのだろうか。案外あっさり忘れてしまうのかもしれないけれど、それはそれで幸せなことなのだろうなと思った。

【ずるずるラーメン】

寒ミ空のした
朝焼け見ながら
ベランダで食べた
ラーメンの味
半分こした
マフラーの先で
あなたは何を
思うのか

甘甘おやつ

祖母は呆《あき》れるほどの甘党だった。戸棚には甘いおやつが必ず常備されていたし、トーストにはゆであずきをどっさりのせて食べていた。祖母は内弁慶の皮肉屋で、家族旅行に誘っても「あたしゃ、わざわざ疲れるようなところ、よういかん」とへの字口。「おばあちゃんの好物だからね」と、母は旅の終わりに駅で必ず赤福をお土産に買って帰るのだけど、「お腹空いとらん」と言って手をつけない。そんな祖母に、家族はやれやれと呆れ顔だったけれど、私は不思議と祖母に対して呆れるような気持ちを抱いたことはなかった。素直になれない祖母のあまのじゃくっぷりを誰よりも受け継いでいた私は、12個入りの赤福が次の日にはすっからかんになっていることを知っていた。

私がまだ幼かった頃、祖母は隣町まで働きに出ていた。夕方、駅まで祖母を迎えに行くのは私の役目だった。祖母はいつも、小さなバッグと大きな紙袋を持っていた。近所の商店で煙草をカートン買いすると貰えるビニールがかかった紙袋だったと思う。祖母はヘビースモーカーで、こたつ布団に灰を落として小さな焦げあとを作ってしまったことがあり、以来家族中から煙草を止《や》めるよう懇願されていたけれど、祖母はのんきにぷかぷかと吸い続けていた。祖母の吸っていたSHINSEIという煙草は、キャラメルの箱みたいな黄色と茶色の洒落たデザインで、私は密かに気に入っていた。祖母の荷物が入った大きな紙袋を持つのが、私の役目。足の悪い祖母に合わせて、ゆっくりゆっくり歩く。紙袋の中にはいつも甘いお土産が入っていて、それが私は楽しみで仕方がなかった。中でも、カラフルな銀紙に包まれた半球型のチョコレートがお気に入りだった。中にクリームが入っていて、ほっぺがちぎれそうなくらい甘い。祖母は紙袋の底から〝ちりし〟を取り出し、「明日学校に持ってって、友だちにあげなさい」とチョコを包んでくれた。「学校にお菓子持ってってったら怒られるもん」「ええがな、これくらい」と、祖母はいつもこんな調子だった。

おやつがなにもないときに、祖母はよく卵を焼いてくれた。作ってくれたのは炒り卵だった。味付けは、たっぷりの砂糖とちょっぴりのお醬油。腰が曲がった背の低い祖母が、胸ぐらいの位置にあるフライパンを覗き込み、菜箸でくるくるっとかき混ぜながら卵を焼く姿はなんだか魔女みたいだった。

祖母の作った炒り卵は魔法みたいに美味しかった。小指ぐらいの大きさに炒られた卵は、しっかり焼いているのにしっとりしていて、甘くてむにむにっとしていて不思議な食感だった。あの味をふと思い出してときどき真似して作ってみるのだけど、どうやったってあの食感を再現することができない。甘い卵で満たされた私はこたつに潜り込み、相撲中継に白熱する祖母の声と香ばしいSHINSEIの香りに包まれながらうとうとしている。もうすぐ母が仕事から帰ってくる頃だ。何よりも幸せで満ち足りた時間だった。

【甘甘おやつ】

あまのじゃくで
へそまがりで
腰もまがった
おばあちゃんが
私につくってくれた
おやつは
甘くて優しくて
魔法みたいな味がした

ハモハモ餅

朝起きて、ぱく。出かける前に、はむはむ。帰ってきたら一目散に、はもはも。おやすみの前に、ぱくり。いつだって、どんなときだって食べたくて仕方がなくて、四六時中口にしてしまう魅惑の食べ物がある。それはズバリ、ワカメだ。ワカメと言っても海藻のほうではなく、我が家のフレンチブルドッグのワカメ（♀）のことで、私の好物はワカメのたるんだ顎のおにくだ。食べ方は簡単。ゴロゴロ寝ているワカメの横に寝そべり腹を撫でる。するとゴロンと仰向けになるので、その隙にたるたるの顎おにくをせっせとかき集め、〝はもっ〟と頬張る。ポイントは、歯を立てず、mの発音をするような感じで、はもはもと味わうこと。食べられているときのワカメさんはというと、気持ちがいいのか、どうでもいいのか、無の顔をしている。動物の急所とも言うべき喉元を頰張られても平気でゴロゴロしているなんて、「おぬし、なかなか不用心だな」と思いつつ、それもまた嬉しかったりする。羽二重餅のような極上の柔らかさ、この味を是非ともお裾分けしたいといつも思うのだけど、今のところ勧めた人全員に断られている。

いつものように、私だけの羽二重餅を心ゆくまで堪能していたときのこと。ふと「あの頃」の記憶が蘇ってきた。誰にも理解されることのない、この変態的嗜好を持つ人物がもうひとりいたことを、私は思い出した。

幼い頃の私は、朝潮とあだ名がつけられるほど肉付きがよかった。座らせればコロンと転がり、耳も鼻もまん丸ほっぺに埋もれており、かなり美味しそうな子供だった。父は、そんな私のことを〝ぷるぷるちゃん〟と呼び、耳たぶをしょっちゅうつねったり、パクついたりしていた（79ページ参照）。当時、私の耳たぶは彼の好物だったに違いない。しかし、私が小学校に上がる前に父の耳たぶブームは終焉《しゅうえん》を迎え、その後はすっかりクールな父親へと移行し今に至る。学生時代、帰宅が遅くなっても叱られたことはなかったし、進学&仕事のための東京行きも全く反対されなかった。「娘に興味ないんじゃなかろうか」と寂しい気持ちにならないこともなかった。だけど私は知っていた。父が、私の載っている雑誌をこっそり切り抜いていることも、私の書いた本を誰よりもじっくり読んでいることも。

あの頃の私は、どんな顔で耳を食べられていたのだろう。ワカメのように無だったのか、喜んでいたのか、嫌がっていたのか。

久しぶりに実家に帰っても、娘の顔も見ず、頭で「おかえり」と言いながらテレビを見ている父。「もうちょっと何かないの?」とも思うけど、かつて父のぷるぷるちゃんだった私は、なんとなく許せてしまうのだった。

【ハモハモ餅】

どうやったって
がまんできない
食べたいきもちを
止められない
他の何にも
かえられない
とびきりのごちそう
それを私は愛と呼ぶ

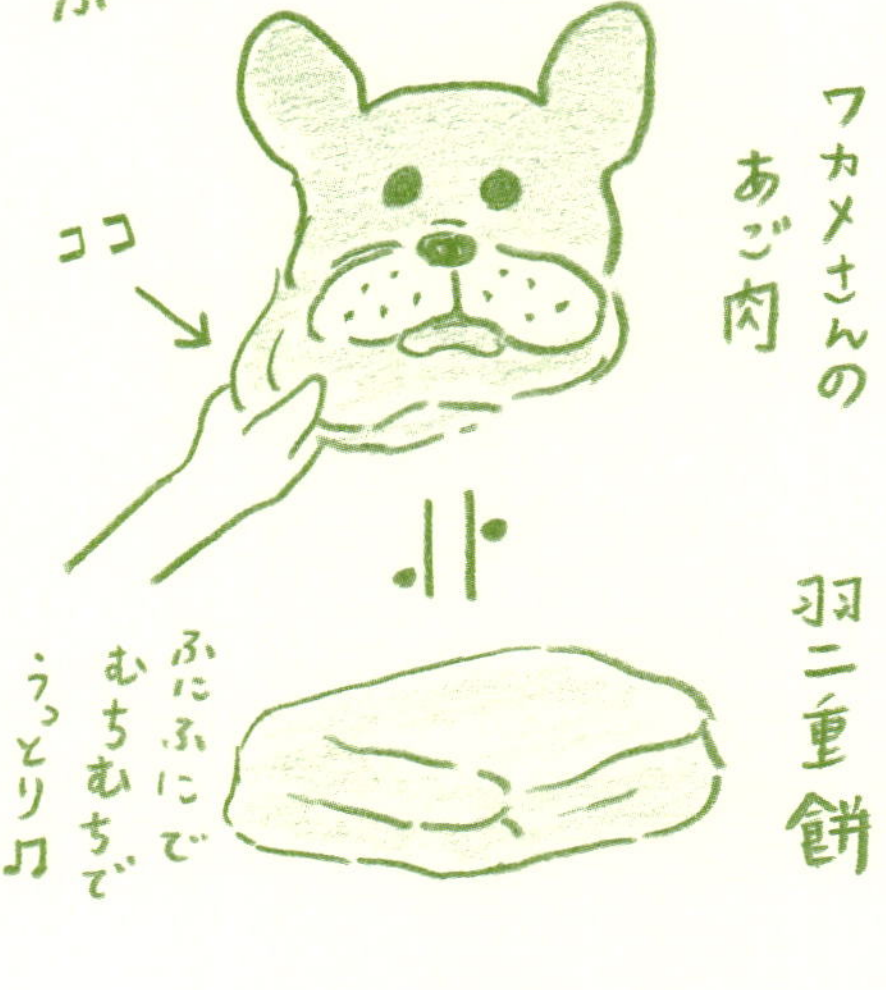

でこぼこ鬼まん

〝鬼まん〟という食べ物をご存知だろうか。正式には〝鬼まんじゅう〟と言って、なんだか恐ろし気な響きだけれど、これは東海地方の人々に愛されている郷土料理だ。もっちりとした白い生地に角切りのさつまいもがどっさり混ぜ込まれた蒸しパンのような食べ物で、ゴツゴツした見た目が鬼や金棒のようだから鬼まんと呼ばれているそうだ。私はこれが幼い頃から大好物で、給食に登場する日は小躍りしていた。今でも鬼まんらしき食べ物を見かけると買わずにはいられない。だけど、そんな大好物を食べると、私の心は金棒で突かれたように「ツキン」と疼《うず》き、そしてあの頃の記憶が蘇ってくる。

子供の頃から今まで、自由気ままにマイペースに生きてきた私。友だち関係は基本的にいつだって良好だった。いつの時代も仲良しの友だちがいて、毎日が楽しかった。だけど、小学5年生のあの頃だけは違っていた。

5年生になると、家庭科の授業で裁縫や調理実習が始まる。調理実習で最初に作るのは鬼まんと昔から決まっていて、私はとても楽しみにしていた。調理実習で使うエプロンを授業で制作することになり、3つの生地から好きなものを選ぶことになった。ピンクのウサギ柄と、黒の恐竜柄、そしてブルーの犬柄の3種類。休み時間になると、女子たちは一斉に集まってどの柄にするか相談を始めた。「犬はないよねー、なんかブサイクだし」「やっぱりピンクじゃない？」「だよねー」という会話をなんとなく聞きながら、結局私は「なんかおもしろい」という理由でブサイクな犬柄をチョイスしたのだけど、これがいけなかった。どうやら私は「みんなでおそろいにしよう」という約束を破ってしまったようで、その日からなんとなく空気が変わっていった。ミシンはペアを組んでやるのだけど、気がついたら私はひとりだった。クラスで犬柄を選んだのは私ともうひとり、『ちびまる子ちゃん』に出てくる山田みたいなおばか男子で、結局彼と一緒にミシンを使った。平気なフリをしていたけれど、大好きな友だちに背中を向けられたショックは大きかった。胸が雑巾しぼりされたみたいだった。

楽しみにしていた調理実習の日、私は熱を出して学校を休んだ。憂鬱で仕方がなくて、このまま熱が下がらなければいいのにと願った。その日の夕方、ピンポンとチャイムが鳴った。友だちが、調理実習で作った鬼まんを届けてくれたのだった。「わざわざありがとうねえ」と言う祖母の声が聞こえる。私は布団からモゾモゾと這い出て、帰っていく友だちの姿を2階の窓から眺めていた。

翌朝登校すると、空気はいつも通りに戻っていて、それ以降胸が雑巾しぼりになることは一度もなかった。ごつごつでこぼこで、ほくほく甘い鬼まんは、あの頃の私たちみたいで、私は大人になった今でも鬼まんを食べるたび、ほんのちょっとだけ胸がぎゅうとなるのだった。

【でこぼこ鬼まん】

ほくほく甘くて
でこぼこいびつ
それはまるで
少女の心
きまぐれで
残酷で
だけどやっぱり
甘くてやさしい

とびきりドーナツ

ときどき無性に食べたくなって、ふらりとチェーンのドーナツ店に入ることがある。しょっちゅう食べるわけではないから、妙にワクワクする。ドーナツを頬張りながら辺りを見渡し、そうして思うのは、「ああ、ひとりだな」ということだ。「ひとりぼっちでドーナツを食べているなんて寂しい」というのとはちょっと違う。ただ、私にとってこのドーナツ店は家族みんなで訪れる場所だったから、なんだかひとりがくっきりして見えるのだ。

かつて、岐阜市郊外の環状線沿いには、某ドーナツチェーンの大型店舗があった。レンガでできた重厚な造りに、床は白黒チェッカー柄のタイル、革張りのソファに、ジュークボックスやメリーゴーランドまであり、古き良きアメリカのダイナーのような雰囲気の、珍しい店舗だった。週末、家族で出かけた帰りに寄るのがいつもおきまりのコース。父はファーストフードがあまり好きではなかったけれど、このドーナツ店に行くときだけは心なしか浮き足立っているように見えた。ここにはドーナツ以外に本格的なホットドッグがあり、父はそれが大好物であった。背伸びしてカウンターの中を覗くと、くるくる回りながら焼かれるソーセージが見える。パリッと香ばしく焼かれたパンにソーセージがはさまり、とろ〜りチーズがたっぷりとかけられたホットドッグの最初の一口を父から貰うのが楽しみだった（現在もホットドッグを扱っている店舗があるらしいのだけど、当時のものとは異なるような気がする。当時のものは、かなり本格的なダイナー風の味だったと記憶している）。

私はもちろんドーナツだ。「ふたつまでよ」と母に言われ、ショーケースにへばりついて一生懸命選んだ。ドーナツを頬張りながら、私はもらったカードの銀色部分をせっせと削る。300円で一枚もらえるスクラッチカードを、10点分集めれば景品と交換してもらえる仕組みだ。いつも1、2点足りなくて、母にドーナツを買ってくれと懇願するのだけど、「次までカードを取っておけばいいでしょ」と買ってもらえない。オサムグッズのお弁当箱が欲しくて欲しくて仕方がなかった私は店内で駄々をこねまくり、隣の席の老夫婦から「良かったらどうぞ」とカードを頂き、めでたくお弁当箱を手に入れたのであった。

♪サ〜ンフランシスコのチャイナタウンの飲茶っ♪と所さんが歌うCMを見て、家族揃ってドーナツ屋の飲茶を食べに走ったこともあった。「サンフランシスコのチャイナタウンってなに？」と不思議に思いながらも、子供心にそのおしゃれな響きにワクワクした。

子供にファーストフードを食べさせるのは良くないという思考もわからなくはないけれど、家族で食べたファーストフードの味は、どんな高級レストランのごちそうよりもキラキラしていて、あの頃にしか味わえないとびきりの味だった。東京の小さな店の片隅で、ひとりぼっちでドーナツを頰張り、おかわりしたコーヒーをすすりながら、気づけばあの頃の両親と同じ年頃になっているんだなぁとぼんやり思った。

【とびきりドーナツ】

今も昔も変わらない味
なのに　どうして
さみしいんだろ
ひとりぼっちで
甘いドーナツ食べながら
そっと目をつむってみる
メリーゴーランドが
くるくる回りだす

ぐらぐらパフェ

私は父にあまり似ていない。性格も見た目も母にそっくりで、私はいつだって母にべったりのお母さんっ子だった。私の父は、波平さんのような威厳ある父親でも、マスオさんのような子煩悩《こぼんのう》パパでもなく、真面目に仕事をするごく普通のニッポンのお父さんという感じの人だ。寡黙で存在感が薄いというわけでもなかったけれど、基本的に平日は仕事で帰宅が遅く、やはり母ほど距離が近い存在ではなかった。だけど、休日は必ず家族で喫茶店に出かけ、しょっちゅう旅行にも出かけていて、思い返してみれば、父はいつだって家族と一緒にいた。

父のことを考えるとき、思い出す場面がふたつある。ひとつ目は私が中学1年生の頃、翌日に学力テストを控えた晩のことだ。私は眠れなくてベッドを出た。眠れないだなんて、人生で初めての経験だった。何の間違いか入学時のテストで良い成績をとってしまった私は、「みんな絶対期待してる」というプレッシャーの下、必死で勉強をした。だから余計に緊張してしまったのだろう。水でも飲もうと階段を降りると、真っ暗なリビングのソファに父が腰掛けていた。「眠れない……」と言う私に、父は白湯を作ってくれた。ソファに座って白湯をゆっくり飲む。「太ももをゆっくりさすると、暖かくなってくる。そうしたら気持ちも落ち着くから」と父に言われるがまま自分の足をさすっているうちに緊張もほぐれ、その晩私はぐっすり眠ることができた。父がどうして真っ暗なリビングにいたのか、当時の私は深く考えなかった。

もうひとつはモデルの仕事を始めて半年ほどたった高校生のとき。当時父は長く勤めていた仕事を休職していた。東京での撮影のために私を駅へ送るのは母の役割だったけど、その日は母が仕事を抜けられず、父が代わりに送ってくれることになったのだ。時間があったのでお茶でもしようと喫茶店に入り、パフェを頼んだ。父と向き合ってパフェを食べるのが何となく恥ずかしくて、私はあれこれ東京の話をした。私はふと〝いいこと〟を思いついた。モデルのお給料は田舎の高校生からしたら大金で、お父さん孝行をしようと思った私は、「パフェは私がごちそうするよ」と得意気に言った。そのときの父の顔を、私は忘れることができない。嬉しいような悲しいようなやるせない顔だった。初めて見る父の顔に、私は深く落ち込んだのだった。

男親の気持ちなんてものは、娘には一生わからないものなのかもしれない。正直な所、父親がどんな仕事をしているかよりも、休日に母と仲良く喫茶店へ通っていることのほうが嬉しかったりする。そんな日々がずっと続いて欲しいと、わがまま娘は願っている。

【ぐらぐらパフェ】

パフェ越しに見た
父の顔
うれしいような
かなしいような
やるせないような
見たことのない顔
私はきっと
一生忘れない

もしゃもしゃトウモロコシ

私はトウモロコシの食べ方がキタナイ。その事実に気がついたのは、実は最近のことだ。トウモロコシは菊池家の夏の定番オヤツだった。汗だくで外から帰ってくると、茹でた大量のトウモロコシがざるに盛られ食卓の上にどどんと置かれていた。冬になると、これがふかし芋に変わる。私はこの雑で大量なオヤツに、いつも不満を感じていた。「アイスが食べたいのに!」とプンスカしながらざるごと抱えて扇風機の前に行き、不服な顔してもしゃもしゃと齧りつき、結局何本も食べてしまう。夏はいつだってそんな感じだった。

トウモロコシの美味しさに目覚めたのは、ひとり暮らしを始めてからだ。夏になると当たり前に目の前に現れていたトウモロコシの姿がないことに、ふと気がついたのだ。そりゃそうだ。トウモロコシが勝手に茹であがってざるに収まり食卓にのぼるわけがない。スーパーで大量に積み上げられたトウモロコシを手に取り、カゴに入れた。インターネットで〝トウモロコシ　茹で方〟と検索したところ、最後の薄皮は剝かずに茹でたほうがジューシーに仕上がるらしい。大きな鍋に湯を沸かし、塩を入れトウモロコシを投入、お皿で重しをして茹で上がるのを待つ。10分経ったら火を止めて、ザザザーッとざるに上げる。湯気がもくもくと広がり、甘い匂いが立ちこめる。気づけば私は、甘い湯気の中に顔を突っ込んで深呼吸していた。アチチと言いながら薄皮とひげを取り、一本丸ごとお皿にのせて食卓につく。いそいそと台所に戻って冷蔵庫から麦茶を取り出し、ようやく私はトウモロコシと向き合った。ちょっぴりめんどくさいけれど、たった1本の茹でたてトウモロコシは、とても贅沢な味がした。

以来私は、夏に友人が来るとトウモロコシを振る舞うようになった。「やっぱこれよね〜」と言いながら齧りつき、食べ終わった2つの芯を見て私は愕然《がくぜん》とした。友人の食べたトウモロコシが稲刈り後の田んぼのようにスッキリ美しいのに対し、私のトウモロコシは嵐のあとのようにもじゃもじゃ荒れ放題。驚く私に、友人はトウモロコシの美しい食べ方を伝授してくれた。ポイントは下の歯。根本に下の歯を引っ掛けて実を取る。それを横一列に繰り返し、一段ずつ食べていくのだそうだ。私はそれから練習を繰り返し、トウモロコシを美しく食べる技を身につけたのだけど、どうも食べている姿が美しくないような気がしてならなかった。下の歯を意識するとどうやっても「アイ～ン」の顔になってしまい、なんだか面白い絵面になっているような気がして味に集中できない。キレイに刈り取られた芯を眺めながら、私は物足りなさを感じていた。秩序よく並んだモロコシたちの列を無視してむっしゃむっしゃと齧りつき、一斉に実が弾けジューシーさが口一杯に広がる、あの快感を私は求めていた。大草原を縦横無尽に駆け巡るような、はたまた梱包《こんぽう》用《よう》のプチプチを雑巾しぼりで一斉に潰すような、そんな豪快さこそ、トウモロコシの醍醐味ではないのか。

食べたあとの姿こそ美しくあるべきなのだろうか。しかし、食べる姿が豪快であることもひとつの美しさではないか。悩ましい問題だけど、今のところ私の食べたトウモロコシはもしゃもしゃのままだ。

【もしゃもしゃトウモロコシ】

整列なんか
ムシしちゃってさ
縦横無尽に
かけめぐりたい
豪快な食べ姿
それもまた美しさ
たとえアナタが
もしゃもしゃになっても

アナタは どっち派!?

初出

本書は『CREA』2014年3月号～2017年10月号に掲載された「おなかのおと」をもとに大幅に加筆・訂正いたしました。

『Danceでバコーン！』作詞・作曲：つんく、編曲：鈴木俊介　『モーニングコーヒー』作詞・作曲：つんく、編曲：桜井鉄太郎　『ザ☆ピ～ス！』作詞・作曲：つんく、編曲：ダンス☆マン　『乙女 パスタに感動』作詞・作曲：つんく、編曲：永井ルイ　『気まぐれプリンセス』作詞・作曲：つんく、編曲：大久保薫　『涙ッチ』作詞・作曲：つんく、編曲：江上浩太郎　『Orphans』作詞：高城晶平、作曲：橋本翼

おなかのおと
それから

サーモンこわい

２０１７年冬。私のお腹の中に、小さな小さな生命体がやってきた。名前をひとまず〝イコちゃん（かわいこちゃんの略）〟としよう。イコちゃんは、確かに私のお腹の中に住み着き始めた、らしいのだけど、実感なんてなかなか湧かなかった。体調や食欲にも大きな変化がなく、その代わりに、私は驚くほど心配性になった。〝お母さんは心配性〟の幕開けである。

妊婦は基本的に心配性な生き物だ。初期の頃は特に、見た目にも体感的にも変化がなく（つわりがあまりなかった）、余計に心配になった。そっと下腹に手を当て「本当にここにいるのかい、元気なのかい」とそわそわする日々。次の健診までの期間がもう、何万年にも感じた。とまあ、このあたりまでは平均的な妊婦の心配度だろう。しかし私の心配はその程度では済まなかった。

きっかけはサーモンだった。あれは妊娠が発覚したばかりのこと。とあるパーティーにお呼ばれされた私は、フィンガーフードをパクパク食べた。そしてその日の夜、激しい腹痛に襲われ、謎の高熱を出した。布団に包《くる》まりガタガタと震えながら、朦朧《もうろう》とする意識の中で私はパーティーで食べたものを思い出していた。お洒落なフィンガーフードは、色とりどりで美しく、そしてイマイチ正体がわからない食べ物が多かった。「何かに当たったのだろうか。それとも妊婦はお腹を壊しやすいのだろうか」。私は「妊婦　食べ物」と、必死で検索した。調べ出したらキリがないほど、妊婦が気をつけるべき食品は山のようにあった。免疫力が低下しているため感染症にかかりやすかったり、食品に潜む菌が胎児に悪影響を及ぼしたりと、理由は様々だった。アルコールや生ものが良くないことは何となく知っていたけれど、要注意食品がこんなにもたくさんあるなんて知らなかった。パーティーで、私は一体何を食べたのか。ごちそうの正体は何だったのか。熱はどんどん上がり、思考回路はショート寸前。正体不明のモンスターにイコちゃんが取って喰われたんじゃないかと、私は震え上

【サーモンこわい】

あれもこわい
それもこわい
こわいこわいおばけの
正体はね
ただひたすらに
アナタを想う
はじめましての
母ごころ

のみこんだあと
急にこわくなって
検索おばけになる…
ねえ、それ
ほんとに
たべていいの？
ごくん

がった。「妊婦が気をつけるべき食べ物…生ハム…ナチュラルチーズ…サーモン……」。私はそのパーティーで、おそらくスモークサーモンを口にしていた。

震える体を両腕で抱きしめながら、私は自分の無知さと軽率さを激しく責めた。検索すればするほど不安で怖くてたまらなくなり、私は病院に電話をかけた。ところが看護師さんは、驚くほど素っ気なく「高熱そのものが胎児に影響を与えることはほぼないです」と言った。(ほぼってなに⁉)と、もやもやしたまま電話を切る。熱は40度を超えそうな勢いで、その後3日間私は高熱にうなされた。イコちゃんが無事であることだけをただただ祈った。

この一件以降、私の中には〝心配性おばけ〟が住み着き、口にする食べ物に異常なまでに気をつけるようになった。コーヒーやアルコール、生ものは当然のこと、パスタの上にかかったチーズをちまちま取り除いたり、炊き込みごはんに混ざったひじきをちまちま除《よ》けたりした。どんなものが、どんな理由で注意すべきかを正しく理解していれば過剰に怖がる必要はないと今なら思えるのだけど、このときの私は、とにかくいろいろなことが怖かった。このときはまだ妊娠していることをごく身近な人にしか伝えていなかったので、不自然にならないように、こっそり避けていたのだった。

妊婦の心配性度合いには、ものすごく個人差がある。私の周りにいた友人知人の妊婦たちは割と呑気でおおらかな人が多く、食事に気を遣う私を見た友人が「○○（共通の友人である妊婦）はガンガンコーヒー飲んでたよ」と何の気なしに言った言葉に、私は地味にショックを受けた。あれこれ気にしないおおらか妊婦と、あれこれ気にしいな神経質妊婦。そんなの、おおらか妊婦のほうがいいよね。だけど心配してしまう気持ちは消せないし、食べてしまって後悔するぐらいなら、食べたくない。一緒に食事をする人に気を遣わせたくはないけれど、怖い気持ちごと一緒に飲み込むことなんてできない。さりげなく、確実に要注意食材を避けるのに、あの頃の私は必死だった。

私の中の心配性おばけはその後も消えることはなかったし、初期の頃に食べたサーモンのことは、密かにずっと気がかりだった。それでも、イコちゃんの成長に反比例しておばけは少しずつ小さくなり、気づけば滅多に姿を現さなくなっていた。

春が来て、夏が過ぎ、そうして秋が深まる頃、イコちゃんがようやく私の腕の中にやってきた。生まれたからといって、心配性おばけがいなくなることはなかったけれど、正体不明のモンスターが、Q太郎ぐらい呑気で食いしん坊なおばけに姿を変え始めたような気がする。見えているものを心配する気持ちと、見えないものを心配する気持ちでは、やっぱり見えないほうが怖いと思うのだ。

先日、友人がお腹の中に小さな小さな生命体がやってきたことを、こっそり教えてくれた。あの頃の私と全く同じ顔をして下腹を撫《な》でる彼女を見ながら、「あのとき、私はなんて言って欲しかったっけ」とぐるぐる考える。とりあえずごぼう茶を入れて一緒にほうっと一息ついた。行きつけのレストランで行った久しぶりの女子会で、みんながぺちゃくちゃパクパク盛り上がる中、友人の動きが止まっているので見ると、目の前に取り分けられたサーモン&チーズとにらめっこしていた。みんなに気づかれないように、私がこっそり平らげた。彼女の中のおばけを、ぎゅうと抱きしめたくてたまらなくなった。

イコ坊が生まれてからというもの、私の頭の中は〝おっぱい〟のことでいっぱいだった。そもそも私は、「絶対に完全母乳で育てたい」という強い意思があったわけでは、全くない。人に預けることもあるだろうし、おっぱいとミルクの混合でいくつもりだった。だけど、いざイコ坊におっぱいをあげ始めると、「自分の出せる限りのおっぱいを出したい」という思いが強くなった。私の体にふたつのおっぱいがくっついている以上、己の〝おっぱいポテンシャル〟を最大限まで引き出さねばならぬ！　という、闘志にも似た熱い何かが沸々とわき上がり、謎の使命感を抱くようになっていた。思えばこの〝使命感〟こそが、産後の憂鬱のすべての元凶だった。

おっぱいは血液から作られる。ならば血行を良くしなければ。そう思った私は、巡りを良くするためにストレッチをし、お風呂にじっくり浸かり、おっぱいに良いというお茶を大容量のポットにたっぷり沸かして飲んだ。そしたらやたらとトイレに行きたくなった。助産師さんに相談したところ、「最初は水分が全部おしっこのほうに行っちゃうけど、だんだんとおっぱいに回るようになるから、がんばってたくさん飲んで」と言われたので、私はその言葉を信じてガブガブ飲んだ。

そして何より、一番大切なのは食事である。ごはんに味噌汁、おひたし、根菜類、そして良質なタンパク質。おっぱいには、昔ながらの和食が一番だと、あらゆる本に書いてあった。だけど、そんなバランスの良い食事を用意する体力なんて、一体どこにあるのだろう。産後数日間は母が仕事を休んで上京し、バランスの良い美味しいごはんを作ってくれたけれど、私は母が帰った後のことが不安で仕方がなかった。

母が岐阜に帰ってゆき、イコ坊と夫と私の3人になった。間もなく産後1ヶ月になろうとしていた頃だ。冷蔵庫には、母が作ってくれた煮豆がどっさりある。根菜や昆布がたっぷり入っていて、これさえあれば、私のおっぱいは当分安泰だった。だけどタッパーの中の煮豆が減るごとに、私の心には少しずつ影が落ち始めた。多分これがいわゆるマタニティブルー&おっぱいブルーってやつだったのだろう。煮豆がなくなった後のことを考えると不安で、これから先のことがとにかく不安で、まるで明るい未来を想像できない。私はとうとうダムが決壊したかのごとく号泣した。「おっぱい出てるか不安だよう、ちゃんとごはん作りたいのにできないよう、眠いよう、仕事行かないでよう、ひとりにしないでよう」と、もう自分でもわけがわからなくなりながら、夫にすがりついて、ぐちゃぐちゃに泣いた。

その日以降、夫は台所にこもってせっせと料理をするようになった。ジャンクフードが大好きで料理なんて滅多にしない夫が、私の母から煮豆の作り方を聞き、母と同じ味の煮豆を常に作り置きしてくれるようになったのだ。冷蔵庫の煮豆は私のお守りのような存在だった。イコ坊におっぱいをあげて寝かしつけ、煮豆をごはんにどさっとかけて、スプーンでかっこむ。それはもはや任務のようだった。「おっぱいをあげていると、とにかくお腹が空くよ」と先輩ママたちは口を揃えて言うけれど、私の食欲はあまり増えず「やっぱりあまりおっぱいが出ていないんじゃなかろうか」と落ち込んだ。おっぱいが出ているからお腹が空くのか、たくさん食べるからおっぱいが出るのか。「鶏が先か、卵が先か」みたいなことをぐるぐると考えながら、私は眠い目をこすって必死で食べた。

時間薬とはよく言ったもので、私のおっぱいブルーはイコちゃんの成長と共にだんだんと薄らいでゆき、それに伴《ともな》って食欲はどんどん増していった。ソファに座ってイコ坊におっぱいをあげながら、空腹が我慢できなくなった私は口をあんぐりあけ夫に煮豆ごはんを入れてもらう。もぐもぐ豆と米を食らう私のおっぱいを、イコ坊がゴキュゴキュ音を立てて飲んでいる。私も、イコ坊も、力強く生きている。食べることは、全てに繋がっていくのだ。ごはんを飲み込みながら、なんだかいろんなことがストンと腑《ふ》に落ちた。

離乳食が始まり、おっぱいを飲む量が減っていくと、わかりやすく私の食欲

【おっぱいと煮豆】

山盛り煮豆を
むしゃむしゃ食べる
わたしのおっぱいを
ゴキュゴキュ
必死で飲む娘
ああわたしたちは
生きている

は平常に戻っていった。心の支えだった煮豆は、いつの間にやら冷蔵庫から姿を消したけれど、私はもうへっちゃらだ。どちらかといえば今はラーメンが食べたい。この数ヶ月で一生分煮豆を食べた気がするけれど、イコ坊が大人になって私たちが爺さん婆さんになったら、また夫に煮豆を作ってもらおうと思う。母の煮豆の味を夫が受け継いでくれたことが、なんだか地味に嬉しいのだった。

チグハグ豚の角煮

〝意中のヒトを振り向かせたいなら胃袋を摑《つか》め〟的な胃袋神話が昔からあると思うのだけど、私はそもそも料理が得意ではなかったので「それができたら苦労しないよ」といつも思っていた。そもそも、好きな人に料理を振る舞うということ自体なんだか気恥ずかしくて、手料理で好きな人の胃袋を摑むなんてこと、私はこれまでの人生でまともにできたためしがなかった。だけど逆に、胃袋を摑まれそうになったことは、過去に一度だけある。

高専（高校と短大がくっついたような5年制の専門学校）を卒業し、関東の大学に編入した頃の話だ。昼と夜間、両方の授業が受けられるコースに通っていたため、クラスメイトには私のような現役学生の他に社会人の学生さんもたくさんいた。とある設計の授業でのこと。グループを作って課題に取り組むことになり、私は40歳ぐらいの社会人学生のおじさんと、他県出身のBくんと3人でチームを組むことになった。実在する町を想定して設計をし、街の人々の前で発表をするという大がかりな課題だったので、私たちはおじさんの車で何度もその町に出向いて調査をし、授業の後もおじさんの家に集まってプランを考えた。いつの頃からかふたりは私のことを「きくりん」と呼ぶようになった。料理があまり得意ではなかった私に代わって、料理好きなBくんは作業の合間に美味しいごはんを作ってくれ、私とおじさんは「うまいうまい」と言って喜んで食べた。私はムクムク湧いてくるアイディアを元に図面を引くことがとにかく楽しくて、せっせとペンを走らせ、Bくんは私の描き上げた図面を元にせっせと模型を作り、せっせと飯を炊き、そして仕事が忙しくなったおじさんは少しずつフェードアウトしていき、結局ふたりで課題に取り組む日が続いた。

「キクチはすごいな、アイディアが色々浮かんで。俺、設計のアイディアが全然浮かばんのよね。多分、あんまり向いてないんやと思う」と、一緒に模型を作りながらBくんはポツリと呟いた。私は驚きとともにどこか寂しい気持ちに

【チグハグ豚の角煮】

人の胃袋は
掴めても
心を掴むのは
むつかしい
食べられなかった
角煮の味は
はじまらなかった
恋の味

なったのだけど、そんなBくんの作る模型は、職人並みに精密で美しかった。

図面パネルや模型をふたりで完成させ、現地での発表は私が担当することになり、Bくんと最後だけ現れたおじさんはアシスタントに徹して、課題は何とか無事終了した。その後も、取っている授業が一緒だったり、家が近かったこともあり、Bくんとはときどき一緒に帰ったりした。ある日、「夕飯作るの、面倒くさいなー」と家でうだうだしていたら、Bくんから「今家におる？　夕飯作りすぎたから、持ってくわ」と電話がかかってきた。自転車でやってきたBくんがタッパーに入れて持ってきてくれたのは、豚の角煮だった。ひとり暮らし1年生の私からしたら、豚の角煮なんて神業のような料理だ。Bくんが作る角煮なんて、美味しいに決まっている。「やったー！　ありがとう！」と尻尾を振って手を差し出す私に、Bくんは「ちょっとそこで話せる？」と、アパートの駐輪場を指差した。腹ペコだった私は「上がって食べながら話す？」と言いそうになったけど、そんな軽はずみなことを言える空気ではなかった。そう言えば、Bくんが私の家に上がったことは、これまで一度もなかった。

「キクチのことが好きなんよ」と、Bくんはストレートに言った。「キクチは建築の才能、俺よりずっとあると思う。将来もし建築の道に進んだら、俺はサポートをしたい。飯も俺が作るから、キクチはのびのび働いてくれればいい。俺は主夫のほうが向いてると思う」と、街灯で照らされた自転車置き場の片隅に並んで座りながら、Bくんは将来の話を始めた。男らしい告白とはウラハラな後ろ向き（というか女子的）な提案に戸惑う私。だけどBくんの表情はとても前向きでまっすぐなものだった。「男の人がごはんを作って、働く女性を支えるという発想を後ろ向きだとか女子的だとか思う私のほうが時代遅れなのだろうか、全然関係ないけどBくんはふたりのときだけ私のことをキクチって呼ぶんだよな、Bくんの訛《なま》りは何だか落ち着くんだよね、てゆうかまだ大学3年なんだし才能ないとか決めなくてもいいのに……」などと、チグハグな想いがぐるぐる巡り、だけど返す言葉は見つからず、Bくんの話を聞きながら、私は冷めていく角煮をただ黙って見つめていた。

結局、私とBくんが付き合うことはなかったし、私自身建築の道には進まなかったので、実際のところ私に建築の才能があったのかどうかも怪しいところだ。あの頃は戸惑いしかなかったけれど、今ならBくんが提案するような夫婦のカタチがあってもいいと心から思う。数年前、平日の昼下がりのガラガラの電車でBくんと遭遇したことがあった。「おー‼ 久しぶりー！」と驚き合い並んで座ったはいいものの、何を話せばいいのかわからず、流れる景色をふたりでただ眺めていた。3駅ほどでBくんは「じゃ、俺ここだから。元気でな」と言って降りて行った。スーツを着て重そうなカバンを持っていたBくんは、どうやらまだ主夫にはなっていないようだった。

原稿に追われる私に代わって台所に立つ夫を眺めながら、私はそんなことを思い出していた。プレゼントでもなく、花束でもなく、タッパーに入った角煮。告白のアイテムとしては何だかチグハグだけど、想いがまっすぐ詰まった最高の一品だ。食べなかった豚の角煮の味を想像してみる。ぐうとお腹が鳴って、胸がチクリと痛んだ。そんな私は、未だに豚の角煮を上手に作ることができない。

ひんやりオムレツ

これはもうホルモンのせいだと開き直っているのだけど、産後私は何かと感情の起伏が激しくなったような気がする。些細なことで落ち込んだり、プンスカ怒り出したりして、面倒臭い奴だなあと我ながら嫌になってしまう。つい先日も、なんだかイライラが収まらず夜中夫に当たってしまった。「家事だけで一日が終わっちゃう、毎日同じことの繰り返し、イコ坊の離乳食作りが大変、大人のごはんなんて作る余裕ない」とダラダラ不満をたれ、この気持ちを総括すると「どっか連れてけ！」ってことだなということになり、気分転換がてら都内のホテルに泊まりに行くことになった。

昼間は公園で思う存分イコ坊を遊ばせ、早々にチェックインした。本当はホテルのレストランでディナーを食べたかったけど、怪獣イコ坊を連れてレストランで食事だなんて、想像しただけでどっと疲れそうだったので、潔《いさぎよ》くルームサービスを取ることにした。部屋ならイコ坊も自由に動き回れるし、大人もゆっくりごはんを食べられるだろうと思ったのだ。ルームサービスが混み合っていたので、先に注文をして料理が来るまでの間にお風呂に入ることにした。勢いよく流れ出るお湯の音を聞きながらソファにどさりと倒れ込み、「ホテルの部屋が一瞬で我が家のように散らかるのは、なんでだろうね〜」なんてぼやきながらしばし寛ぐ。と、ここまでは良かった。大人しく絵本を読むイコ坊を見守りながらウトウトしかけた次の瞬間、お風呂場から夫の叫び声。駆けつけると、浴槽からお湯が盛大に溢れ、辺り一面水浸しになっていた。「せっかくホテルに来ているのに、無駄な仕事を増やしてしまった」とため息をつきながら床を拭く。気を取り直してお風呂に入ったはいいが、イコ坊が大理石の床で滑って転んでしまい大号泣。そんな中ピンポーンとルームサービスが到着。急いで羽織ったバスローブは、さっき夫が焦って床を拭くのに使ったためびしょ濡れで、もうてんやわんやどころの騒ぎではなかった。

お風呂から上がってはしゃぐイコ坊を捕まえてパジャマを着せ、ごはんを食べさせる。夫婦でゆっくり食事をしたかったので、先にイコ坊を寝かしつける作戦に出たのだけど、イコ坊は初めてのホテルに興奮してなかなか寝てくれない。ようやく眠った頃には、ごちそうはすっかり冷めきっていた。イコ坊が寝たらゆっくりテレビでも見ながら一杯やろうと話していたけれど、そんな気力はどこにも残っておらず、モソモソと冷めたルームサービスを食べた私たちは、そのまま崩れるように朝まで眠ってしまったのだった。

イコ坊にペシペシ顔を叩かれ、カーテンから漏れる朝日で目が覚める。「寝てしまった…」とがっくり肩を落とすも、気を取り直して朝ごはんを食べに1階のレストランへと向かう。ホテル泊の一番の楽しみは、何と言っても朝食だ。シェフが目の前で焼いてくれるふわふわのオムレツを、私はとても楽しみにしていた。夫がイコ坊に朝ごはんを食べさせている間に、私がビュッフェの料理をせっせと運び、最後にオムレツの列に並ぶ。「チーズを入れてください」とオーダーしたら、髭を生やした年配のシェフが「サービスしておきますね」と目配せし、どっさり入れてくれた。熱々のドミグラスソースをかけムフフな顔で席に戻ると、早々に食事に飽きたイコ坊がポタージュスープを顔中に塗りたくっていた。やれやれとため息混じりで顔を拭いていたら、隣の席のお客さんが「可愛いわねえ」と目を細めてこちらを見ていた。白髪のおばあさまと、50代ぐらいのご婦人、そして大学生ぐらいのお嬢さん。おそらく親子三世代の旅行だろう。ベトベトの手で愛想を振りまきに行こうとするイコ坊を止めると、「いいのよ、いいのよ。この子もこんなだったわよねえ」とニコニコしながらイコ坊の相手をしてくれた。娘さんはなんだか照れ臭そうに笑っている。急いで朝ごはんを平らげた夫が動きたくて仕方ないイコ坊を散歩に連れ出してくれ、ようやく私の朝ごはんタイムがやってきた。イコ坊が食べ散らかしたパンや離乳食の残骸を片付け、気を取り直し「いただきます」と手を合わせる。すっかり冷めきったとろーりしないチーズオムレツをモソモソ食べ、冷めたコーヒーを飲んでふーと長い一息をついていたら、隣のおばあさまが「ゆっくりなんて食べてられないわよねえ。お蕎麦なんてのびきっちゃうし。ふふ

【ひんやりオムレツ】

とろーりしない
チーズ味の
オムレツを
静かに味わう
"あたたかいものは
あたたかいうちに"
今一番のぜいたくを
思い浮かべながら

ふ」と、とても優しい顔で話しかけてくれた。私はなぜだかこの言葉に、ものすごく励まされる思いがした。気立ての良さそうな娘さん、おしゃれなお母さま、そして品のあるおばあさま。絵に描いたような素敵な三世代母娘にも、子育てに追われてのびきったお蕎麦を交代でモソモソ食べていた時代があったなんて想像もつかない。だけどそんな素敵家族が、我が家の悲惨な食事風景に共感して、優しく見守ってくださっているということが、なんだか無性に嬉しくて心強くて、胸がいっぱいになった。

日々の疲れやストレスから解放されるためのホテル泊のはずが、なんだか余計に疲れてしまったような気がしないでもないけれど、名前も知らない家族とのささやかな交流によって、私はじんわりと元気を取り戻していた。いつかあんな風に、母と私とイコ坊の3人で旅をする日が来るのだろうか。てんやわんやだった日のことを思い出して笑い合いながら、ゆっくりコーヒーを飲む日が来るのだろうか。うん。きっとくるに違いない。そう思ったら、この怒濤の毎日を楽しんでやろうじゃないかと思えてくるのだった。

ゴーゴービストロ

夫と私は、食の嗜好がまるで違う。丼ものが大好きで、どかっと一品掻《か》っ込みたい夫と、いろんな物をちょこちょこ食べたい私。そば派の夫と、うどん派の私。うすしお派の夫と、コンソメパンチ派の私。マリネやピクルス大好きな私と、酢の物ニガテな夫。トーストは断然バタートースト派の私と、イチゴジャムをたっぷりのせる派の夫。頂き物のジャムを食べきることができずいつも余らせていた私は、夫がイチゴジャムの瓶を空っぽにしているのを見たとき、しみじみ感動してしまった。食の嗜好が違うというのも、あながち悪いことばかりではない。大げさかもしれないけれど、結婚して良かったなあと感じるのは、こういうときだったりする。

知人に、「旅先ではお互い食べたいものが違うから食事のときだけ別行動をする」という夫婦がいる。普段はとても仲がいいので、本当にふたりとも食に対するこだわりが強いのだなと思う。我が家の場合、私が雑貨屋を覗いている間に夫がレコード屋に行くなんてことはよくあるけれど、その後は必ず合流して一緒にごはんを食べる。嗜好は違うけれど、外食するときに何を食べるかで揉めることは案外少ない。「餃子!」「タイ!」「ラーメン!」「寿司!」「乗った!」という感じで、食べたいものをポンポン言い合って決める。嗜好が違うからこそ、相手の提案が新鮮で楽しかったりする。私は夫のおかげで都内の支那そばに詳しくなったし、夫は私のおかげでビストロに躊躇《ちゅうちょ》せず入れるようになった。

結婚してもうすぐ3年。たくさんではないけれど、ふたりの行きつけの店がいくつかできた。深夜まで開いている寿司屋、会話のない夫婦が営む中華料理屋、愛想のいいネパール人の方々が働くカレー屋、カウンター席が落ち着くいつものビストロ。私たちはふたりとも、冒険して新しいお店をズンズン開拓するタイプではないので、数軒の行きつけがあれば充分だった。

【ゴーゴービストロ】

いつもの街の
いつもの店で
小さなアイツも
一緒にカンパイ
ふたりの記念日が
我が家の記念日に変わる
この灯りがあるから
この街が好きなんだ

そのビストロは、もともと私が独身の頃に月2ぐらいのペースで通っていた行きつけのお店だった。女性オーナーのチャーミングで気さくな人柄がそのまま表れたようなアットホームなお店で、いつ訪れても素敵な大人たちで賑わっていた。何かと理由をつけては気のおけない女友だちと集まって、美味しい料理を囲みながら閉店時間ギリギリまでおしゃべりをした。そんな私のとっておきの行きつけに夫を連れて初めて訪れたのは、3年前の年の瀬のこと。バタバタと区役所に婚姻届を出した日の夜だった。混み合う店内のカウンターの一番奥に滑り込み、ふたりで静かに乾杯した。カウンター越しに籍を入れたことをオーナーに報告したらとてもとても喜んでくれて、そっとデザートの盛り合わせをサービスしてくれた。以来、そのビストロには結婚記念日はもちろん、なんにもない日にもしょっちゅう夫婦で訪れている。座る席は、いつも決まってカウンターの一番奥。岐阜と仙台の田舎で育ったふたりが、まさか東京のこんな洒落たお店の常連になるなんて、あの頃の私たちに想像できただろうか。ビストロというお洒落な響きには、なんだかいつまでたっても慣れることができないけれど、それでも居心地がいいなあと思えるぐらいにはふたりとも大人になった。カウンターで隣り合って座ると、なんだかちょっとデートっぽくて、それがまた良いのだ。

そんな大好きなお店に、かれこれ何ヶ月行けていないのだろうか。イコ坊を出産してからというもの、夜飲みに出かけることはほぼなくなった。そもそも、まだ授乳中なのでお酒を飲めないのだ。夫はそんな私に代わってときどきふらりと飲みに行っているようで、長年通いつめた私ですらほとんど言葉を交わしたことがなかった寡黙なシェフといつの間にかすっかり仲良くなっていて、彼が2児の父であることを夫から知らされて驚いた。お洒落な場所が苦手なラーメン大好き男が、いつの間にかビストロのカウンターでひとり酒を飲み、パパトークを繰り広げているだなんて、なんだかちょっと笑ってしまいそうになるけれど、大人になるっていいもんだなあとも思うのだった。

もうすぐ3度目の結婚記念日がやってくる。イコ坊は空気を読んだのか、数日前から突然おっぱいを飲まなくなった。大人な顔で私の膝の上からそっと降り、ゴロゴロと静かに転がって眠りについた。イコ坊1歳と1ヶ月。突然訪れたおっぱいの卒業であった。これはきっとイコ坊からの母へのプレゼントだ。ちょうど同じ頃、街でばったり遭遇したビストロのオーナーさんが、「席押さえてありますから、イコちゃんも一緒に是非来てくださいね」と言ってくださったので、思い切って家族3人で伺うことにした。イコ坊、1歳にしてビストロデビューとは。都会っ子にもほどがある。ひとまずイコ坊がご機嫌なうちにビールとサングリアと牛乳で乾杯しよう。その後のありとあらゆる手段を用意しておかねば。考えただけでどっと疲れそうだけど、それでもいいのだ。私たちの結婚記念日に、イコ坊のビストロ記念日が加わって、ふたりの行きつけが3人の行きつけになる。それってちょっと素敵だ。

「おなかのおと　それから」は書き下ろしです。

あとがき

人並みに食いしん坊だけど特別グルメなわけでもない私は、「食べ物にまつわるエッセイを書いてみませんか」と連載のお話を頂いた時、正直少しばかり戸惑った。巷で噂の美味しい物をあれこれ食べ歩くことよりも、慣れ親しんだ味をスルメのように何度も噛みしめたいタイプの自分に、果たして食のエッセイが書けるのだろうか。だけどいざ始めてみると、書きたいことは揚げたてのメンチカツの肉汁のごとく、はたまたもぎたての桃の果汁のように、次から次へと溢れ出してくるのだった。

大好きな食べ物のことを考えると、私のお腹はきゅるると鳴り、耳の根っこがきゅうっと痺《しび》れ、胸の奥がぎゅっと疼《うず》く。その味を思い出すとき、そこに広がるのは味や匂いだけじゃない。人の気配や風の感触、誰かの声や感情が、マーブル模様のように広がってゆく。食のまわりに広がる風景は、私の原風景とも言えるものだった。

この連載を始めたとき、私はまだ結婚しておらず、ひとりと1匹暮らしであった。その後結婚してふたりと2匹になり、さらに娘が生まれ現在は3人と2匹暮らしだ。この数年の間に、私を取り巻く食事情は大きく変化した。

朝、焼きたてのトーストにバターを塗って、間髪いれずにほくほく顔で頬張ることも、喫茶店で時間を忘れてコーヒーを飲みながらマスターとゆっくりおしゃべりすることも、遠まわりをして豆大福を買いに行くことも、最近はめっきり減ってしまった。

現在、我が家の食のすべてを牛耳っているのは娘である。まもなく2歳になろうとしている気まぐれプリンセスは、なんでもパクパク食べるタイプではなく、マイブームにのっとって食事をするタイプだ。しかも、そのブームはこちらの予期せぬタイミングで突然終わりを迎え、さっさと次のブームへと移行してしまう。今、彼女がハマっているのは焼き海苔、なめこ、ブロッコリー、煮魚、バナナ、うどん、納豆である。凝《こ》ったものを作っても大抵はスッと皿を押し戻されるので、もうあれこれ作るのをやめようかとも思うのだけど、何が突然ヒットするかわからないので、なるべく色々な食材を出すようにしている。そうして私たち夫婦は、彼女が拒否した薄味のシチューやら野菜たっぷりハンバーグやらをもそもそ食べているのであった。

この苦労は一体いつまで続くのだろうとボヤいていたら、高校生の娘を持つ友人が「いまだにそうだよ。相変わらず子供のごはんのことばっかり考えてる」と笑っていて、軽く途方にくれた。親ってのは、いつまでたっても子供にちゃんと食べさせたい生き物なのだ。

上京したての頃、連絡もせずふらりと帰省したときの実家の食卓に驚いたことがあった。「お父さんとふたりだと、いつもこんなもんよ」と言いながら母が用意した夕食は、本当にびっくりするほど質素だった。母は特別料理好きなタイプではなかったけれど、私や姉がいた頃の食卓は、いつも色とりどりのおかずで溢れていた。あの日、父と母と私の3人で食べた質素な夕食のことを、時々ふと思い出す。ここ最近は、帰省するときはもれなく娘も付いてくるし、姉の子供たちも集合するので、実家の食卓は昔と同じように色とりどりで賑やかだけど、私たちが帰ったら、またあの質素な食卓をふたりで囲むのだろう。それは、ちょっぴり寂しい気もするけれど、案外悪くないかもなあとも思えるのだった。

納豆を自分で食べることにハマっている娘が、今日も豪快に伸びる限りの糸を伸ばして嬉しそうに頬張っている。スプーンからこぼれ落ちた納豆を私は光の速さで拾い上げ、すかさず彼女の口に入れる。武田百合子さんの「枇杷」というエッセイのごとく、彼女は納豆と一緒に私の指ごと食べている。この感触を、私はずっと覚えておきたいと思った。いつかまた夫とふたりになったとき、一緒に納豆ごはんを食べながら、そんな話ができたら幸せだなあと思うのだ。

最後に。連載の書籍化にあたり、今にも湯気が立ちのぼりそうなカバーデザインと美味しそうなフォントを作ってくださったcozfish祖父江さん、脇田さん、いつも愛を持って原稿を受け取ってくださった文藝春秋の馬場さん、そしてこの本を手にとってくださった全ての皆様に感謝します。

2019年晩秋　菊池亜希子

菊池亜希子（きくち・あきこ）

1982年岐阜県生まれ。女優・モデル・『菊池亜希子ムック　マッシュ』編集長。モデルとしてデビューし、その後、映画やドラマ、舞台など女優としても活躍。著書に『みちくさ』（小学館）、『絵本のはなし』（白泉社）、『またたび』（宝島社）、『好きよ、喫茶店』（マガジンハウス）など。2015年に結婚し、女の子を出産、一児の母となる。現在、TBSラジオ「Be Style」（毎週土曜日朝5時半〜6時）でパーソナリティを務める。

おなかのおと

2019年11月30日　第1刷発行

著　者　菊池亜希子《きくちあきこ》
発行者　鳥山 靖
発行所　株式会社　文藝春秋
〒102-8008
東京都千代田区紀尾井町3-23
☎03-3265-1211

印　刷　大日本印刷
製　本　加藤製本

 ISBN978-4-16-390928-8
Printed in Japan